# EMOTIONAL PSYCHOLOGY IN EVERYDAY LIFE

# 生活中的情绪心理学

## 来自内心深处的福流

彭凯平 著

U0274732

清华大学出版社
北京

**图书在版编目(CIP)数据**

生活中的情绪心理学：来自内心深处的福流 / 彭凯平著. —北京：清华大学出版
社，2024.4（2025.1重印）

ISBN 978-7-302-60622-2

Ⅰ.①生… Ⅱ.①彭… Ⅲ.①情绪－自我控制－通俗读物 Ⅳ.①B842.6-49

中国版本图书馆CIP数据核字(2022)第064112号

**责任编辑**：张立红
**封面设计**：钟　达
**版式设计**：方加青
**责任校对**：卢　嫣
**责任印制**：杨　艳

**出版发行**：清华大学出版社
　　　　　网　　　址：https://www.tup.com.cn，https://www.wqxuetang.com
　　　　　地　　　址：北京清华大学学研大厦 A 座　　　邮　　编：100084
　　　　　社 总 机：010-84370000　　　　　　邮　　购：010-62786544
　　　　　投稿与读者服务：010-62776969，c-service@tup.tsinghua.edu.cn
　　　　　质 量 反 馈：010-62772015，zhiliang@tup.tsinghua.edu.cn
**印 装 者**：三河市春园印刷有限公司
**经　　销**：全国新华书店
**开　　本**：148mm×210mm　　　**印　　张**：10.75　　　**字　　数**：260 千字
**版　　次**：2024 年 5 月第 1 版　　　**印　　次**：2025 年 1 月第13次印刷
**定　　价**：68.00 元

产品编号：092923-02

40多年来，我一直从事心理学的研究。我的心理学之路始于北京大学，留校后主研的方向的是临床心理学，我的导师是著名的心理学家陈仲庚教授。后来，我去美国密歇根大学攻读心理学博士，师从心理学家尼斯贝特教授，学术兴趣转向了跨文化心理学。博士毕业后，我到加州大学伯克利分校任教，一直到2008年，我正式回国到清华大学担任心理学系主任。这一晃儿，回国从事教学研究也已经十多年了。

近年来，我一直致力于在国内推广积极心理学，希望更多的人能够学习如何科学地理解生命体验、感受生活幸福、拥抱人生意义。虽然每个人在生活中都免不了有这样那样的烦心事、闹心事与伤心事等，可是积极心理学为人们更好地处理这些事情提供了大量积极有效的建议与科学的方法。我很喜欢积极心理学，因为它是一门既温暖又有力量，能够抚慰并点亮人生的科学学科。多年来，我一直醉心其中，无法自拔。这是一种特别美好的心理体验，当然，也带给我许许多多良好的情绪。

对于积极心理学家们来说，情绪是一个十分重要的研究领域，它生机勃勃，富有魅力。情绪是人们身心状态的晴雨表，是感觉与知觉共同作用于人类生物特征的突出结果。情绪无时不在，无处不在，它是我们最亲密的伙伴，也有可能是我们最强劲的对手。它就是我们与这个世界所建立起来的最直接的联系，让我们真切地体会着我们的存在。比如，一个人在不开心的时候经常会感到情绪低落、百无聊赖、手足乏力、步履沉重，甚至连路都走不了，什么也不想干，对什么都提不起兴趣；而在开心的时候，则会感到浑身有使不完的劲儿，会心花怒放、步履轻盈，会有强烈的意愿主动参与社会生活，与人建立良好的人际关系。

情绪也是我们日常生活十分顽皮的孪生兄弟。不信，你想想下面这些问题是不是经常出现在你的脑海里：为什么情绪会让同一个人变得如此不同？是人的本性就是魔鬼与天使的结合？还是情绪让人变成魔鬼与天使？还有，我们的情绪到底是怎样产生的？它从何而来？又向何去处？我们如何能够更加清楚地感受它、了解它、理解它、运用它、控制它？好情绪怎么能长久保持？坏情绪如何能快速去除？当我有情绪的时候，我还是那个原来的我吗？甚至，那个原来的我到底该是怎样的一个我……

其实，在心理学家的研究中，他们发现：情绪本身从来不是问题，有问题的是我们对情绪的认知，和应对情绪的方式。与其说我们想当情绪的主人或是避免成为情绪的俘虏，不如说是我们更应该与情绪进行和解。这和解之法可能于我们才更为重要。于是，就有了本书的诞生。

本书从情绪心理学在生活中最重要的应用——情绪管理的角度，结合我多年的学习和研究，探讨如何将"情绪陷阱"转化为"情绪优势"，把自己的"情绪负债"变成"情绪资产"，从而在与情绪的良好对话与徜徉中活出幸福人生，实现生命意义。

在阅读本书之前，我建议大家先和我做一个小小的游戏。

现在，请您排除其他的杂念，集中精神回想一下，您在过去一年中有多少次后悔不该一时冲动呢？然后，用笔在本子上记下来。例如："因一时冲动而朝孩子怒吼，把孩子吓得号啕大哭""因为一时怄气，对家人或朋友恶语相向""和别人因为一件小事争执得面红耳赤""看直播时因为一件东西'点菜'被人抢了而气得肝儿疼""因为工作上的不同意见与同事发生激烈的口角""心情不爽时正好领导批评了几句没忍住回怼""拿东西不小心掉地上摔烂而颓丧不已"，等等。现在回想起来，这些不过是生活与工作中的琐事、小事，却在当时成为了火山爆发一样的大事，是不是觉得很不值得？

如果您的回答是肯定的，那么恭喜您，尽管您遇到了让自己情绪爆发的事情，但是，您没有再次掉进自己的情绪陷阱里。但是，如果您想到这些仍然意难平，那么，我就要很郑重地告诉您，经过这么长的时间，您还没有摆脱那些沉重的"情绪负债"。

事实上，打骂孩子，不仅得不到任何好处，甚至连发泄的作用都起不到。可那些打骂的痕迹将有可能影响孩子的一生；语言暴力或者冷暴力当时觉得"很过瘾"，但科学证明，难听的话就像开弓的箭，会在别人身上留下了难以磨灭的"伤痕"。可以说，对一个成年人而言，我们人生中最重要的一项修养就是情绪稳定。这个道理根本用不着科学家、社会学家或者人类学者来阐述，老百姓都知道这个道理。就像民间俗语中说"女儿大了要嫁人，要嫁个实在人"一样。在人们的心目中，所谓"实在人"，首先还得有个"好脾气"。

俗语里的这个"好脾气"就意指这本书的第一关键词——"情绪管理"。情绪管理对我们的生活非常重要，它不仅是父母为儿女找对象的第一标准，也是工作生活中的第一期待。因此，情绪管理在任何时代都是我们一生中绕不开的重要修行。这么重要的一项内容，心理学家们自然忍不住去研究、探查。因此，情绪心理学应运而生，并且迅速而持续地成为各门派心理学家们科研库房里占地面积最大的那块场地！与老百姓不同，心理学家们理解情绪是用那个被称之为"科学"的工具与方法。心理学家们提供的各种管理情绪的建议也是建立在科学研究与实证的基础之上的，并不是信口开河。心理学家们特别热衷于做各种关于情绪的实验，通过实验来发现情绪的原理、探究情绪的源由、检验情绪的效应、判断情绪的状态。就现实应用方面，心理学家们通过实验证明：一个不会管理自己和他人情绪的人，做事情容易处处碰壁，人际关系会变差；而懂得管理好自己的情绪，能够发挥情绪优势的人，浑身散发着更强的感染力，能获得别人更多的信任与认同，吸引更多的资源。

多年前，有一些学者提出了"情绪智力"的观点。他们的研究发现：人确实具有一种与生俱来的能力，那就是监控自己及他人的情绪和情感，并识别、利用这些信息指导自己的思想和行为。在情绪智力上的能力差异会直接导致不同的人生境遇。也有学者认为，情绪智力就是情商。最新的研究显示，一个人的成功，只有20%归诸智商，80%则取决于情商。美国哈佛大学的教授丹尼尔·戈尔曼（Daniel Goleman）表示，情商是决定人生成功与否的关键。比如，在亲密关系中，如果一个人不会管理自己的情绪，那么，他会逐渐远离真爱与和美。

另一位积极心理学界的知名学者芭芭拉·弗雷德里克森教授在她的畅销书《爱是什么》中告诉我们，爱是一种情绪，一种让人身心和谐的状态。芭芭拉教授的研究表明，体验到的爱越多，人们越能够敞开心胸、不断成长，并且越幸福、越坚毅、越睿智、越健康。

她的研究证明，爱不只是感觉良好而已，爱会像其他积极情绪一样，真正地改变着你的心态和思想；拓展你对于周围环境的认识，甚至是自我的存在感。沉浸在爱中，你与他人不再是毫无关系的个体；实际上，这时你会真正获得懂得他人的能力。情绪是爱的一种具体作用机制，你今天体验或未体验到的爱会通过情绪很快地释放出来，但很可能会改变那些在下一季、下一年影响你身体健康和活力的细胞。所以，好的情绪与爱的供给就像洁净的空气和富有营养的食物一样，能够决定你生命的长度和生命的质量。

情绪价值不仅体现在爱情上，也体现在亲子教育中。不会管理自己情绪的父母有可能给孩子带来严重的性格缺陷。社会研究的调查数据显示：超过90%的家长都吼过孩子！但是，你知道吗？"吼"在心理学上被定义为一种极端的坏情绪的表现，它不仅是一种语言暴力，更是一种"看不见的灾难"，丝毫不亚于体罚孩子所带来的伤害。很多家长不知道，自己在发泄情绪时的吼叫、谩骂、责罚、冷漠等对孩子的伤害到底有多大！相关研究发现，语言侮辱会造成孩子大脑的损伤，使孩子的大脑支撑不了复杂的信息传递与分析，控制不了自己的情绪与理性，因而，孩子的记忆力、理解力、分析力、审美力、同理心、创造力、勇气、自信心等积极天性会被抑制，其人格养成、人际关系、个人成就、亲社会性等会遭遇重大的挫折。

所以，情绪管理应该成为我们每个人人生中最重要的必修课之一。

因为我们不太了解情绪"阴阳"两面的辩证作用，造成很多人对情绪都有着很深的误解。值得人们特别关注的是：说到情绪，很多人都会习惯性地往负面的方向去想。就像很多人听到"你真是情绪化"这句话时，基本上都会认为这是在批评自己，但心理科学并不支持这样的观点。

在心理学家看来，情绪没有好坏之分，它只是人的一种自然的心理行为。情绪化可以是我们的弱点，也可以是我们的优势。情绪是一种我们对客观事物十分灵敏的反馈，是人的情感过程的外部表现，只要对情绪稍加注意，我们就会知道该如何更好地生活。不断变化的情绪是我们的身体应对不同挑战的表现，情绪变动能让我们运用各种技能适应各种角色。

1997年之后，各个心理学流派都加大了对人类情绪的研究。大家达成了两个共识：

（1）人类先有情绪后有认知；

（2）情绪的作用比认知的作用强大。

比如，认知和内心深处的记忆密切相关，而记忆没有情绪的帮助，效果往往会事倍功半。我们经常讲洞房花烛夜很珍贵，新婚当天发生的事情，如穿着、妆容等，夫妻双方都会终生难忘，为什么？因为有美好的情绪体验，结婚的幸福感激发了夫妻的情绪记忆，激活了大脑海马系统的活动，产生了大量的"幸福激素"。这种"幸福激素"让夫妻对当天发生的种种事情的感受和记忆更加深刻。这种现象在心理学上被称为"手电筒效应"：打开手电筒，手电筒光束周围的事物，我们记不清楚，但光束内有什么，我们很容易记住。

记忆是这样，学习也一样。带有情感的学习比不带情感的学习效果要好，古人早就发现了这个学习的秘诀，所以，古人背书，一定要读出声来，走来走去，摇头晃脑。在教孩子们读书的时候，一定要激发他们的活力，带动他们的学习激情，因为这种积极的情感体验会让孩子们的理解力、记忆力、创造力增强，学习成绩大幅提高。

情绪真的很奇妙，它不仅影响着我们的学习、思考、认知与健康，竟然还主宰着我们会和谁结婚（参见《吾心可鉴：澎湃的福流》，清华大学出版社，2017）。有的时候，情感驱动甚至比理性计算更能帮助我们做正确的选择。积极心理学研究发现，那些总想着"我为什么要嫁给他"的姑娘们，结婚后有90%的概率不幸福，那些因为"我就是喜欢他的人"而结婚的"傻"女孩，婚后幸福的概率是99%。良好的情绪是爱情、婚姻的"发动"。被感情滋养的夫妻，不论遇到什么事情，都能够克制自己，表现出和气、友好、理智的状态，这有助于夫妻关系的长久、稳定、和谐，能够避免很多不必要的冲突与矛盾，从而使得家庭幸福。

现在流行一句话：人生是一场修行。修什么呢？其实说来说去，无论是佛家所说的慈悲，还是道家所说的逍遥，或是儒家所说的慎独，根本上都是情绪及情绪所引发的积极结果的预期。情绪的存在，让我们每个人有了不同的魅力。研究表明，性格分明、敢爱敢恨、激情洋溢、生活多姿多彩的人更容易让我们怦然心动。

网上曾经有一份调查：喜欢项羽的人比喜欢刘邦的人多得多！为什么呢？在《史记·项羽本纪》中，项羽不仅是司马迁笔下最典型的悲剧英雄的代表，也是一个具有人格魅力的人物。项羽虽然在楚汉战争中失败，却得到了人们普遍的赞美，人们认为项羽是一个当之无愧的英雄。

项羽究竟为什么如此受人爱戴呢？原因只有一个：他心中有爱。他有勇无谋，看起来是个莽夫，但这个莽夫偏偏没有刘邦那样圆滑、狡诈、阴狠与无情的一面。特别是在绝境中，项羽对自己的爱人、士兵乃至他的坐骑所表现出来的情义激起了人们内心最柔软的情感。历史是公平的，项羽虽然没有赢得天下，却赢得了天下人的喜爱。所以说，有情有义的人讨人喜欢，即使有缺点，但因为他是一个真实的人，我们也愿意喜欢他。这足以说明情感的重要性。

丈夫们常有一种抱怨："我每个月都把全部的工资交给太太，她还是不满意。"问题是你每天拥抱她吗？你每天说她漂亮吗？你每天亲吻她吗？如果没有，就不能抱怨，即使自己卡里的工资都划到了太太的账户上。因为你的工资被"情感负债"抵消了。让太太产生好情绪是一个很划算的投资，想留点钱存入小金库，又不会使太太不开心，就要多抱抱她，多亲亲她，多夸夸她。这些事情比你拼命给家里赚钱更有实际的效果。

所以，稍变一下想法，生活就大有不同。把情绪问题转为情绪优势，给生活加点"情"，能让我们拥有除了物质财富之余的"情绪资产"。这份资产很珍贵，它能帮助我们打破人生的僵局，为人处世变得更有智慧与同理心，它能引导我们拥有更加富足的生命体验。

本书首先从具体情境出发，用心理学的方法，研究生活中常见的一些情绪问题，给出有效的应对思路。比如说，愤怒是一种常见的情绪，书中有5种不被怒火牵着鼻子走的方法；感到焦虑的人越来越多，书中也有两种有效缓解压力的工具……本书涵盖了大部分国际上认定的基本情绪，每种情绪都有对应的调节或者改进方法，让你读完之后就能够掌握基本的情绪管理技巧。

其次，本书以科学为立场。作为一个积极心理学家，我将会结合大量的心理科学与其他社会科学的研究成果进行讲述。本书不同于一般的心理咨询类书籍，书中的很多原理和案例都来自一些经典的或权威的论著。

再次，本书注重趣味性。满篇的科学原理和方法会让人觉得有些枯燥，读不下去，因此，我会结合一些生活中的有趣现象及文史故事，让整本书更加生动，比如，为什么杜甫在抑郁情绪中能写出千古名句，为什么没钱的人更爱炫富，福布斯排行榜上有多少"社恐"患者，为什么示弱反而可以受人尊敬，为什么黄色能缓解焦虑？最后，我们特别设计了一些需要你思考的问题，意思是，读了心理学理论，了解了情绪的本质，该轮到你思考了！这是不可缺少的环节，否则，就算学得再多，到了学以致用的阶段还是好像没读书一样。

　　总之，希望你能够轻松快乐地读完本书，并能在生活和工作中游刃有余地使用它，成为新时代掌握自己情绪的"英雄"。

彭凯平

# 目 录

目
录

# 第1篇

## 消极情绪篇
### ——化消极情绪为积极优势

# 第 1 章

# 愤怒（上）：愤怒有积极意义吗？

愤怒是人的情绪系统中最基本的情绪之一。当人感觉愤怒时，身体会释放肾上腺素，肌肉会紧绷，心率和血压都会升高。这时人的感官可能变得更加敏锐，甚至有的人的手和面部发红，脸色铁青，身体的力量变得强大起来。其实，当我们的祖先在生命安全和交配权受到威胁时，愤怒成为一种重要的情绪表达，为祖先提供了必要的原始驱动力和生存力。

情绪心理学家发现，每个人对愤怒的感知，包括频率、强度、持续时间，都不同。也就是说，有些人会比别人更经常地感到愤怒，感受到更强烈的愤怒，或保持更长时间的愤怒状态。造成这种差异的因素是多种多样的，例如遗传、家庭环境，甚至是社会文化。

研究显示，容易愤怒的人得心脏疾病的风险更高。一项对一万多人持续3年的跟踪研究发现，血压正常但是易怒的人发生冠心病的概率是常人的2～3倍。还有一项长达15年的追踪研究发现，那些非常不擅长控制愤怒的人得心血管疾病的概率是最高的。

以上只是对于身体健康而言。总是发脾气对于人际关系具有很大的破坏性，你每一次朝孩子怒吼，朝爱人发火，或者对同事恶语相向，都会像一把利刃一样给身边的人造成伤害。

所以，学会接受现实，管控愤怒，非常关键。接受现实的人与那些总是与现实较劲、容易产生强烈的情绪反应的人相比，人生的发展方向会有很大的不同。

# 觉察愤怒，未雨绸缪

要想有效控制愤怒，首先要学会觉察愤怒。

在生活中，我们经常是在事后才意识到某件事情让自己愤怒了，或者某个人可能有恶意，或者自己某方面的"边界"受到了侵犯。这种事后反省是非常值得提倡的，因为长此以往，我们将会逐渐提高自己对愤怒的觉察力，形成一种"事中之明"，最终形成先见之明。

美国心理学会曾经推荐过觉察愤怒的6种形式，虽然没有正式发布，但已经被很多心理学家认可。

第一种是反应式愤怒，也叫被动式的愤怒，具体表现就是对人冷嘲热讽、冷漠，甚至挖苦。这种愤怒是内隐的，不像主动性的愤怒那样明显，也不强烈，但它确实是一种愤怒。

所以，如果你以前特别友善、随和，但现在开始挖苦别人了，说明你已经被激怒了，只不过你没意识到自己很愤怒。

你开始有点厌烦了，这就是愤怒的最初反应。简而言之，就是对方做的事情对你不利，你开始嘲讽或挖苦对方。

第二种是反击。有时候你必须去直面让你愤怒的事情，直面让你愤怒的人。比如，在工作中，你的老板经常用"双标"

生活中的情绪心理学

对待你和你的同事，你感到很不公平。以前碍于面子，你没有计较。但是这样的事情多次发生后，你就会对老板产生强烈的愤怒，甚至能够充分感受到双方在这段关系中的不对等，并且意识到自己的界限或者基本权利受到了侵犯。以前你可能压抑着不表达，但是现在你觉得要去面对这个问题了，所以说，你开始去辩解，开始直面要解决的问题。这可能就是愤怒的第二个标志。

第三种是责备。也就是说，你开始公开地说出来。在某种程度上，你发现所有这些事情都是对方造成的，都是源自对方的问题。以前，你可以自我安慰，将这一切合理化，例如，你可以说所有这些事情是由环境等客观原因造成的。而现在，你发现其实问题就是人造成的。这也是一种愤怒的体现。

第四种是你发现自己现在特别容易生气。这是愤怒比较明显的一个特点。很多时候，一些你以前觉得没什么大不了的事情，现在却经常令你发脾气。工作上、生活中，甚至任何方面，你都觉得有问题了，这种心态会让你的各种身心状态发生强烈的反应。

第五种是比较强烈的愤怒。在某种程度上，你开始对周围的生活环境、工作单位产生不满，这属于比较强烈的愤怒。具体来说，就是你对整个环境，包括合作团队、工作单位，甚至社会，有比较强烈的愤怒和攻击倾向，而且持续的时间很长。长期的愤怒是病态人格的一种表现。

第六种是愤怒到伤害自己。比如，有位女士遇到一个渣男，对方的不负责任使她愤怒，但是出于某种原因她无法表达对他的愤怒，长此以往，这位女士会反过来觉得自己没用，因为归根结底是自己选择了和他在一起，并且她长期不表达愤怒，实际上促使对方变得更渣了。所以，一个人如果长期处在愤怒受到抑制的状态中，愤怒是很有可能泛化成自责情绪的。自责是一种自我攻击，没有人能承受自责的煎熬。在自责带来的极度压抑之下，人甚至觉得自己连呼吸都是错的，会被睡梦中突然加速的呼吸惊醒。无论是身体上还是精神上，人都处于极度不堪的状态，严重时甚至想一死了之。

以上就是愤怒的6种形式，理解了这些，我们就能够敏锐地觉察愤怒，及时止损。很多人就是对自己的愤怒情绪没有觉察，才容易被愤怒冲昏头脑的。学会察觉愤怒，有助于我们在高唤醒的情绪状态下保持冷静，尊重事实。

# 愤怒也有积极意义

愤怒和其他负面情绪不一样，它是高唤醒的情绪，意思就是身心状态比较强烈。从进化的角度来讲，愤怒的积极意义是让你集中力量备战各种挑战和困难。当你愤怒时，心跳加快，压力激素水平增高，感觉更加敏锐，所有这些身体反应会让你充满战斗欲望。在有些文化里，为了让战士充满斗争激情，统治者一定会想方设法煽动仇恨，告诉战士诸如他们的妻子被敌人霸占、亲人被杀害等坏消息，让战士内心充满仇恨。所以愤怒可以激发人的生存力、战斗力，甚至创造力，这就是它的意义和价值。

愤怒的本质是人类表达攻击性和生命力的一种方式。适当的愤怒和兴奋一样，都是人类愉悦性和生机的表现。不动气其实未必就好，智者知道如何去控制——他有"气"，但是能控制自己。

# 控制愤怒的4种策略

控制愤怒，一般有4种策略。想象这样一个场景：我们去餐厅吃饭，人很多，于是不得不排队等待，但不知道为什么等了很久，服务生就是不过来接待我们，我们当然很生气。那么，我们如何控制怒气呢？

第一种策略是认知重评，就是我们对这个事情重新评估一下。想一想是不是还有其他的原因，比如，人实在太多，没有位置，或者服务生太忙，没时间接待我们。

简单来说，认知重评就是改变自己的思维方式。当你愤怒的时候，很多想法会被放大、夸张化，显得戏剧化。这时候，你需要尽量用理性的思维方式改变自己的想法。例如，不要去想着"天哪！完了！太糟糕了！一切都毁了！"，而是应该告诉自己"真是失败，这换作是谁都会心烦呀。不过这也不是世界末日，再生气也无济于事"。

此外，还要注意尽量不要用"总是""不可能"这类语气绝对的词，例如"你总是这样！""你不可能理解我"等，这些话不仅不一定正确，还会给对方造成伤害，令对方疏远你。

古希腊哲学家埃皮克·迪特斯有一句名言：真正困扰我们

的不是发生在我们身上的事，而是我们围绕这件事编的故事。这句话很有道理，就像中国有句俗话：傻人有傻福。"傻人"不想事，很容易开心。如果一个人心事重，就容易编出很多无中生有的事，损人不利己。

心理学家丹尼尔·吉尔伯特（Daniel Gilbert）做过一个有名的实验。他给2000人每人发了一个BP机（那时没有手机），随时打电话给这些人，问他们"你在干什么？""你开不开心？"。

他意外地发现，有些人将46%的时间花在无中生有的小事上，这些事与他们正在面临的困难或需要解决的问题无关。比如，有的人不开心，总觉得有同事想要害他，其实他越这么想，过得越不开心。世上本无事，庸人自扰之。当我们重新评估问题，就会发现原因有很多，但导致愤怒的只是最狭隘的那一个。

第二种策略是延迟反应，让我们的愤怒在空中飞一会儿。我们可以用"三分钟的喘息"，感觉到愤怒要发作时，给自己三分钟的喘息时间，转移注意力，三分钟后，再去看这件事，也许自己的看法就不一样了。时间其实是特别好的心理治愈剂，很多人往往忽视时间的心理价值。在当下做判断与过一会儿再做判断，人们的行为反应是完全不一样的。所以有人把这种情况叫作"时间贴现"。时间贴现是指个人对事件的价值量估计随着时间的流逝而下降的心理现象。

第三种策略是寻找第三方。很多时候，两个人之间发生冲突，当局者迷，旁观者清，从第三方的角度进行分析和评判，对两个人化解愤怒帮助很大。依旧拿前文在餐厅发生的事来说，我们可以找经理或者其他服务生来陈述问题。在生活中，你可以找心理咨询师、好友或父母来做干预，其实是会有效果的。虽然俗话说清官难断家务事，但难断的是一些感情的事情。对于冲突引起的愤怒而言，第三方的作用是有价值的。他就像是一个调解员，可以把我们特别愤怒的一些事情通过理性的方式表达出来。

第四种策略是把愤怒转化为资源。具体来说，就是利用愤怒激发解决问题的行动。餐厅服务生怠慢了你，不妨趁这个令你激愤的时刻，想想能不能锻炼自己的控制力，或者思考有什么办法让服务生对顾客更加主动一些。

从长远的愤怒控制能力的锻炼来说，你可以自己制作一个愤怒复盘表：设计一个小表格，用来记录每次让你愤怒的事情，你愤怒的原因，你愤怒时的身体反应……每周翻看，同时反思，下次遇到类似的事情怎么办。

↓

# 第 2 章

# 愤怒（下）：如何表达
# 愤怒并经营好关系？

↓

瑞士心理学家荣格曾经就愤怒发表过自己的看法，他说："你在愤怒中消耗着自己，虽然你是用舌头讲话，却像伸出了一把冷剑，表达的是你的复仇之梦。"也有心理学家说："无论是一触即发，还是一味隐忍，愤怒都是情绪的红色警报。"

　　对于内在的愤怒情绪，我们要找到一个平衡点。只要方法恰当，就可以很好地进行表达。接下来的内容，咱们就聊一聊如何认清自己的需要，正确地表达愤怒，同时还能和他人保持健康的关系。

# 愤怒不该被压抑

我们从小就被教导不要把怒火酿成苦果，既害人也害己。当愤怒来袭的时候，我们要学会控制愤怒，但是控制愤怒不等于压抑愤怒。

压抑愤怒会引起一系列的问题。被压抑的不满情绪会让人变得狂躁、敏感、易怒。这时候，人很可能会找一个替罪羊，将怒火发泄到无辜者身上。最关键的是，压抑愤怒并不能真正保护自己的利益，反而让人感到自己的无能，因而会加剧愤怒情绪。最后，身体会用不易察觉的病痛来慢慢消化这些情绪。

一项基于面部表情观察的心理学研究发现，只要不是过于激动，愤怒对人的身心健康是有好处的。当出现紧张情绪时，那些用短暂的愤怒做出反应的人，会有一种控制感和乐观的感觉，而那些反应表现为害怕的人就没有这种感觉。当然，长期的爆发式的愤怒，或者对外部世界长期持有一种敌对的愤怒情绪，肯定是对健康有害的。

因此我们要正确看待自己的愤怒，正确表达自己的愤怒。

# 男女表达愤怒有差异

愤怒的情绪是一股强大的能量，只有正确表达，它才会流动起来，从你心里释放出去。但是，男性与女性表达愤怒的方式是有区别的。一般来说，男性发怒大多是由于权力受到威胁，想做某事却被禁止；而女性发怒、抓狂则是因为别人的行为不符合自己的意愿，特别是感到被拒绝、被忽视，或者嫉妒时。

心理医生多丽丝·赫尔明（Doris Hellmin）在《感觉能力》这本书中有很精彩的论述，她提出：女性常常希望某人或某事有所改变，但自己却无能为力，又看不到出路，于是发怒。而且，女性更多的是在家里发脾气。她可能会在工作中忍受上司的无理而一言不发；而在家里，孩子一个磨蹭的动作就可以令她勃然大怒，暴跳如雷。

心理学研究发现，男性更多以攻击性的行为表达愤怒，而女性常常用口头方式表达愤怒。但是，男性的愤怒表达，如提高嗓门，甚至动手打人，往往被认为是有男子汉气概。相反，女性直接表达自己的愤怒就有可能被看成是泼妇，形象大受损害。因此，很多女性被要求有修养、没脾气，尽量不表达愤怒。但是，这并不适合每一个人。

# 愤怒与童年创伤

在关系中，一方感到被背叛，被欺骗，就会有一种强烈的情绪反应，表现出愤怒、悲伤、恐惧和一定程度的后悔。这种综合的反应非常强烈。这也属于愤怒的一种反应。如果孩子被父母亲欺骗了，那么他除了愤怒，还会恐惧，因为孩子只依赖父母，被最依赖的人骗了，他们不知道接下来还会发生什么事。任何人对未知都会恐惧，更何况是孩子呢？

一般而言，孩子面对父母的背叛，往往不会以愤怒的形式表现出来。因为他们无法对父母表达愤怒，更多地表现出焦虑、抑郁、做噩梦，同时还有自杀的念头，他们很可能睡不着觉，吃不下饭，内分泌失调。如果你的孩子出现上述情况，那么他可能是用这种方式来表达对你的愤怒。如果孩子身体不好，父母就要思考孩子是不是有了心理上的创伤。

孩子长大以后，也会不断地重复这种创伤，因为父母其实是他的第一任老师，尤其是有关生活技巧的方面。从某种程度上说，孩子的人生剧本是由父母写就的，但积极心理学相信人生剧本可以改写，甚至超越。

美国著名社会心理学家马斯洛的童年就很不幸，他的父亲酗酒，对孩子们要求十分苛刻，他的母亲极度迷信，而且性格冷漠，残酷又暴躁。马斯洛小的时候，曾经带两只小猫回家，他的母亲发现后，当着他的面活活打死了两只小猫。可以说，马斯洛的童年生活很痛苦，很长一段时间，他内心充满对父母的怨恨，但他不知如何表达。后来，他学习了心理学，认识到父母的行为是由他们的成长环境和性格造成的，于是自己也不再无意识地重复父母的行为，最终成为人本主义心理学的主要发起人，写就《动机与人格》《人性的境界》等经典心理学著作，为人类心理学的发展做出了重要贡献。

所以说，教会孩子表达愤怒，表达自己的恐惧，对塑造孩子的人格和加强孩子的心理力量尤为重要。

# 正常表达愤怒是爱自己的方式

在阐述如何正确地表达愤怒之前，我们先来看看日常生活中有哪些不恰当的表达愤怒的方式。

第一种是责备和咒骂。这类人总希望证明或者宣告自己是对的，对方是错的；他们总觉得自己站在道德的制高点上。我有一个朋友，她和她的合伙人开了一家公司，业绩还不错。有一天，她无意中发现这个合伙人搞了一些小动作，在一些业务上有出卖她的嫌疑。得知这一切，她非常愤怒，有种"被别人卖了还帮着数钱"的挫败感。接下来的故事，大家可能都能猜到，我的这个朋友迅速地与合伙人分家，老死不相往来。但她的愤怒还是没有消除，只要见到这个合伙人，她就会不停地责备："你为什么要这么做？我那么信任你。"久而久之，她发现只要她责备和咒骂这个合伙人，周围的朋友和合作伙伴就会对她"敬而远之"。这让她更加愤怒了，她认为一切都是那个合伙人造成的。合伙人成了她不能承受的痛，从此她再也不敢和别人合伙做生意，甚至不再信任别人。这个故事里，合伙人当然有他的问题，但责备和咒骂是无济于事的，不恰当地表达了愤怒，让她的事业受挫，也让她的人际关系受到影响。

第二种是向其他人抱怨。最典型的例子就是鲁迅先生笔下的祥林嫂。抱怨有一定的误导性，看似是将愤怒直接说出来了，但诉说的对象错了。我们应该向让我们愤怒的人表达愤怒。试想，如果从早上上班开始，有人就向你抱怨老板、同事、甲方，甚至食堂的厨师，就像一个喷射负面情绪的大怪兽，搞得你一整天的心情也跟着变糟糕，那你愿意和这样的人相处吗？所以当你察觉自己有抱怨倾向时，给自己三秒钟的喘息时间，让自己停下来。

第三种是冷战，不理不睬。冷战实际上是一种极度伤人的冷暴力。冷暴力大多发生在亲密关系中，在情感里产生的愤怒是最难处理的。有一个真实的案例，来自读者小孟，她的老公出轨了，还有了孩子，小孟得知真相后，38年来尽管和老公同处一个屋檐下，却再也没和他说一句话。显然，"时间可以慢慢地治愈一切"这句话不适用于小孟。38年的时间，她从风华正茂变成了白发苍苍，因为没有正确地表达愤怒，她为一个不值得的男人搭上了自己的小半辈子。在这里，我想对那些因为被信任的人欺骗而无法排解愤怒的人说，接纳一切，正常地表达愤怒，这是爱自己的最好方式。

# 表达愤怒"五部曲"

没有谁的一生会一帆风顺，没有谁的人生中没有过愤怒。那么，我们该如何在不伤害别人的前提下去表达愤怒？

我们可以试试表达愤怒"五部曲"：分散注意——厘清思绪——表达愤怒——提出解决方案——给自己一粒后悔药。

## 1. 分散注意

当愤怒来袭，歇斯底里地发脾气只会让局面更糟。这时给自己三分钟的喘息时间，连续做几个深呼吸，迅速离开当前的环境，让自己冷静下来。最重要的一点是，要告诉自己："这个时候，我不能做任何决定，我感受愤怒就好了。"

## 2. 厘清思绪

一旦情绪稳定，就要对整件事做复盘，找到让自己愤怒的原因，认清自己是在怨恨当下的事件还是在"翻旧账"，有时激起愤怒的可能是当下的某个"开关"所唤醒的"陈年旧账"。厘清思绪就是要让我们回到事实本身，避免胡思乱想，避免越来越情绪化。

### 3. 表达愤怒

要允许自己表达愤怒，因为表达愤怒就是向人们表达自己界限的方式。在表达愤怒的时候，要向对方明确表述，对方的什么行为让自己产生了什么感受，以及自己为什么会有这种感受。

### 4. 提出解决方案

表达了愤怒之后，就要提出自己的解决方法。这里要注意的是，提出解决方案要真诚，同时坚持自己的原则。可以参考下面的说法：

"当你……"（描述对方的行为和自己的感受）；

"我觉得……"（说出你的期望）；

"我请你……，是因为……"（说出你现在的需要且给出原因）。

比如，有位丈夫没有跟妻子商量就自作主张地重仓了一只股票。妻子就可以这么做：

**首先描述对方的行为以及自己的感受。**

"我注意到你没有和我商量就重仓了某某股票，这件事让我感到很不安，也很恐惧。"

**接着说出自己的期望。**

"我觉得，我也是家庭的一分子，我希望这么大的事情，我能够参与讨论，而不是被动接受。"

**然后表达自己的提议并说明原因。**

"虽然你可能看好未来的股市，但我希望你现在能够从中退出一部分，因为我觉得现在这样做会使我们家面临很大的风险，我们应该首先保障家里的开支不出问题，而且以后家里类似的大额开支我都希望你提前跟我商量。"

像上面那样表达愤怒是不是比一味地发火要好得多？我们的目的不应该是发泄情绪，而应该是表达诉求。表达愤怒的好处远远不只是出了口恶气，它的可贵之处是重建自己和自己的关系，自己和别人的关系。所以，好好地表达愤怒，会让我们找回和谐。

## 5. 给自己一粒后悔药

加州大学伯克利分校毕业的心理学家詹姆斯·格罗斯（James J. Gross）提出过一个概念——情境重评，就是事后把当时的场景重新想一遍，甚至还可以把自己的愤怒体验重新感受一遍。这样，可以真正做到"吃一堑长一智"。我把这种情绪调节的方法叫作"给自己一粒后悔药"，意思是，承认自己当时的不完美，接受教训，不苛责自己，总结复盘，下次做得更好。

**问自己**

1.你的周围有没有易怒的亲友？如果有，可否和他聊一聊如何避免这种情况再次发生？

2.你最近一次被激怒是什么时候？如果再遇到类似情况，你会怎么做？

**了解更多的心理学研究**

在处理棘手问题时，愤怒情绪也可能成为一种强大的力量。研究发现，愤怒让人更努力实现预期目标，从而获得更大成功。与平静的人相比，愤怒的人在一系列具有挑战性的任务中表现更好。这项研究发表在《人格与社会心理学》杂志上，实验中，研究人员向1000多名参与学生展示了会引发愤怒、欲望、愉快、悲伤或不会引起情绪波动的图像。随后参与者需要去解字谜，结果表明：愤怒的参与者在解答高难度字谜上的表现比处于其他情绪的人更好，但在解答简单字谜上没有差异。在另一项实验中，愤怒的参与者比平静或悲伤的参与者更善于在滑雪电子游戏中躲避旗帜，其成绩与快乐或兴奋的参与者不相上下。

↓

# 第 3 章

# 自卑（上）：自卑情结
# 产生的根源是什么？

↓

奥地利的著名精神分析心理学大师阿德勒在他的传世名作《自卑与超越》一书中首次提出"自卑情结"这个概念。他发现，凡是觉得自己在某一个方面不如别人——比如生理上的缺陷，个子太矮，说话口吃，长相欠佳；或者能力上的缺陷，反应太慢，成绩不好；甚至家庭条件不好，出身贫寒，等等，都可能给自身造成一种强烈的不安全感、不完美感，让人产生烦恼、不安、沮丧、焦虑、自闭等负面情绪。为了弥补这种不足，阿德勒认为，人可能会采取一些过分补偿的策略。比如，长得丑的男人喜欢炫耀自己的女朋友多么漂亮，出身卑微的女性一定要想方设法嫁入豪门。

自卑情结是一种下意识的情结，是每个人都可能面对的一个问题。每个人都有不如别人的地方，而弥补这些缺陷可以给我们带来进步的动力，这叫作自卑的超越；当然自卑也会给我们带来情绪上的烦恼，这就是自卑的困境。

《生活中的情绪心理学》——清华教授彭凯平送给中国人的情绪生活指南

【获奖信息】

- 2024中国好书5月榜推荐
- 新华荐书第24期推荐书目
- 当当24小时新书热卖榜总榜第一
- 心理学新书热卖榜持续第一
- 《中国新闻出版广电报》2024年5-6月优秀畅销书排行榜总榜
- 2024第4期京华好书榜
- 进入百道好书榜
- 上市三个月重印10次

封面采用《画说庄子》作者于飞布面油画作品《生长·春》

# 自卑情结真的存在吗？

最有名的关于自卑情结的案例就是所谓的"拿破仑情结"，也就是个子不高的男人有可能更暴力。

法兰西第一帝国皇帝拿破仑，传闻他的身高只有160cm。为了弥补自己身高的不足，他就拼命地四处攻击，表现出很强的控制欲，渴望出人头地，而且一定要娶一个比自己高不少的太太。有心理学实验研究发现：在与高个男人的竞争过程中，矮个的男人可能对高个的男人表现出比较多的嫉妒情绪和攻击倾向。

当代心理学实验研究发现，自卑情结可能是一个被用滥了的心理学概念。2007年，来自英国的一批心理学家专门研究了拿破仑情结是不是真的存在。实验发现，矮个的男人并没有表现出比其他中等个头的男人更加强烈的进取心和攻击倾向。他们请不同个头的人与研究人员用木棍进行决斗，而研究人员故意反复用木棍敲打对方的指关节。结果发现高个的男人反而更容易生气，攻击性更强。

那为什么大家会相信自卑情结的存在呢？原因很简单，生理上或者能力上的缺陷很容易让我们注意到，因而我们就会误以为一个人的心理问题是由这些显而易见的缺陷造成的。

但是，为什么在生活中我们还是能够发现，有些人由于自己意识到的不如别人的某种缺陷而产生自卑情绪呢？现在的心理学认为，这是由自尊心太弱造成的。自尊心是我们每个人对自己的整体评价。有些人自我评价高，就是自尊心强；有些人自我评价低，就是自尊心弱，容易产生自卑情绪。

自卑的人经常觉得自己在他人眼中的社会价值微乎其微，但又很看重这一点，因此，他们只能小心谨慎地进行社会活动，生怕别人因为一点点不悦而拒绝自己。于是，自卑的人的行为在很多时候遵从的是他人的愿望而不是自己的意愿。

低自尊的人容易自暴自弃，他们在自我信念里本就认定自己会失败。因此，失败后他们对自己的消极认识又得到了验证，并接受自己不如他人的现实，从而放弃努力。

所以，阿德勒提出的自卑情结是一种下意识的、人人都可能有的心理反应，我们可以受益于它，从而超越自卑；而低自尊引起的自卑情绪则是负面的心理反应，是只有自尊心偏低的人才有的负面情绪体验。

# 如何判断自己是否有自卑情绪？

根据美国心理学会的分析，以下4条，如果你占了两条，那很可能就有自卑情绪了。

（1）很敏感，经常会过度地、反复地关注那些不好的想法。比如工作中，对于同事间一句无心的玩笑话或者小举动，你就会想很多："他是不是对我不满意？他是不是在否定我？"有了这样的想法，你就会下意识把这种想法变成行为，导致同事关系紧张。

（2）胆小怕事，害羞，不自信，缺乏独自解决问题的信心和能力，做事畏首畏尾、瞻前顾后，缺少行动力和决断力，总担心把事情搞砸，害怕失败。大家熟知的墨菲定律——怕什么来什么，越怕失败，越会失败——也折射出这一类人的内心世界。

（3）逃避与家人、同事或者是朋友的眼神接触，不敢直视别人的眼睛，目光躲躲闪闪。

（4）经常恶意攻击、挖苦，甚至陷害其他人，以此来转移自己的孤独感和挫败感。内心的怯弱往往需要用外表的强悍来保护。具有自卑情绪的人孤独、离群、抑制自信心和荣誉感，当受到周围人们的轻视、嘲笑或侮辱时，这种自卑情绪会大大加强，甚至以畸形的方式表现出来，如嫉妒、暴怒、自欺欺人。

# 认识两种自卑人格

　　长期的低自尊会让人形成自卑人格。自卑人格分为外显型和内隐型，我们可以通过一个人的行为、语言习惯、面部表情等方面来判断他是哪种自卑人格。

　　林黛玉就属于典型的外显型自卑人格，她是大观园里公认的敏感多疑、多愁善感之人。她怜惜落花然后葬花，又因花联想到自己的身世处境，而伤心不已；她听戏班子排练《牡丹亭》，心情随着唱词大起大落，感慨到落泪；她听到园子里的婆子骂人，以为是在骂自己，竟然气得昏厥过去。《葬花吟》里那句"一年三百六十日，风刀霜剑严相逼"就是她内心自卑感受的最真实写照。用现代流行的话说，黛玉有钱有颜还有闲，而且才华横溢，但她仍然整天郁郁寡欢。

　　相较于外显型自卑，青春期的孩子往往很容易滋生内隐型自卑。有些孩子可以把自己的自卑伪装得很好，让别人根本猜不透他的性格，这就属于内隐型自卑人格。

　　我曾经有个学生小王，她的父母是湖南乡下普通的农民。但这个女孩子平时总是装出一副家境优渥、家庭幸福的样子，从不主动向别人谈论自己的家庭。后来，她谈了一个男友。见家长时，男方家人问起，她也只说自己的父母是工人，并非农民。其实，那个班有不少家境不好的同学，同学们都可以坦荡地同别人谈论自己的家庭，从来没有人因为出身贫苦而被人瞧不起。但无论如何，小王就是过不了自己心里这关。

像小王这样，把自己不好的一面隐藏起来，不让别人知道，就是内隐型自卑人格的表现。

还有的孩子很怕别人不喜欢自己，故意把自己伪装成一个乐于助人的"老好人"，即使他并不是这样的人，对某些事情他心里其实排斥极了，但因为害怕得罪他人，更为了得到别人的喜爱，他会逼自己去干不喜欢的事情。这其实带着点讨好的意味，是自卑的表现。当然在外人看来，这只是乐于助人的行为而已，只有当事人才清楚自己心里到底是怎么想的。

这些孩子的表现属于内隐型自卑人格，父母往往不易察觉。具有这种人格的孩子，内心并不快乐，所以父母最好多花点时间留意一下孩子是否有这方面的情况。

孩子的内隐型自卑人格还有一种典型表现，那就是，他们经常认为自己不行，很悲观。有一种典型的低自尊表现，叫作防御性悲观，即为了避免自己将来感到自卑，他现在就做一些准备，为失败制造完美的借口。比如，明天要考试了，别人都在认真复习，他反而放纵自己，不复习。可想而知，他肯定考不好，面对惨不忍睹的分数，他却自我安慰："没考好，是我没好好复习，不是我能力不行。"

不光孩子，很多大人也会这么做。有的钢琴选手在比赛前感到压力太大，觉得拿奖牌无望，就故意让自己生病，导致比赛时状态不好，为自己的失败找到完美的借口，避免内疚。

仔细观察，你会发现身边不少人就是这样。在重大比赛前，他都要得病，他可能都不知道这些行为背后的原因。其实这就是一种自我伤害，也是一种自卑的体现。

# 自卑情结是让人变得优秀的原动力

自卑会导致很多问题，所以大家提到自卑往往就产生一些负面的看法。但自卑真的就一无是处吗？现在，我们应该清楚了，下意识的自卑情结可以让人超越，但明显的自卑情绪会让人退缩。

自卑情结是让人变得优秀的原动力。

对出身感到自卑的男人，事业也可以成功。河南省著名品牌伊赛牛肉的创始人在一次采访中说到，他年轻时家里很穷，每当回到家，看到家里破旧的房子，他总感觉自己矮人一头，在村里特别自卑。于是，他心里暗暗发誓，一定要努力挣钱，把房子盖成全村最好的房子。在这种动力的驱使下，他带领家人创业，尝遍艰辛，终于成为当地首屈一指的富豪，还创立了自己的品牌，基业长青。

对外貌感到自卑的女性，也可以变得优雅。这类女孩子要想不自卑，就要想方设法在能力范围内让自己变美丽，包括化妆、减肥、穿衣、保养。我们经常听到这样的话："没有丑的人，只有疏于打扮的人""一个人的相貌，三分靠颜值，七分靠打扮"。这样说虽然有些夸张，但人的确可以通过后天的努力来弥补长相的不足。

　　因此，请善待我们的自卑，学会利用自卑情结去督促自己变成一个不断努力进步的人。也就是说，当我们不再为自卑所累，而是善用自己的与众不同去改善劣势；当我们不再耗费精力把自己伪装成所谓别人眼中期待的样子，而是慢慢地将真实的自我展现出来，那么，我们就会拥有全新的人生体验。

　　自卑并不可怕，不敢面对才可怕。阻止你自信的其实不是自卑，而是你对于自卑的态度和面对自卑的反应。如果你能把自卑化作成长的动力，就会变得越来越自信。这就是自卑的超越。

↓

# 第 4 章

# 自卑（下）：如何
# 超越自卑？

↓

从事积极心理学教学工作多年，我发现情绪上总被自卑困扰的人，就像是在深不见底的黑洞里仰望天空，他们很想伸手去触碰多彩的世界，却在内心笃信这一切都遥不可及。长期自卑的状态，让人犹如身处洞底，感受到的是无边的黑暗，甚至站在镜子前看着自己时，感觉从来没有这么讨厌过自己。

# 自卑需要用优秀来平衡

　　我相信每一个感到自卑的人，都想逃离这种痛苦，克服自卑。要想克服自卑，我们要明白自卑是怎么形成的，才能对症下药。

　　首先要认识到，自卑是低自尊的一种表现，并不是人人都有的心理问题。它的产生往往与早期的成长经历有关。一个人小时候如果被父母不断灌输负面认知，就会容易形成自卑感。

　　孩子刚一出生的时候，很多父母面对眼前这个皱皱巴巴的小肉团，第一句话是："这么难看！"很多人一生中的第一个负面评价就这样猝不及防地产生了，这就是很多人被迫接受的第一个负面自我认知。

　　当孩子慢慢长大，父母常说别人家的孩子多么优秀，自己家的孩子这也不行，那也不对，年复一年地对孩子进行打压、批判，并与其他孩子做对比。我相信很多父母不是故意这样做的，但这是孩子自卑的起因。我们经常说，三岁看大，七岁看老，也就是根据一个人三岁时候的样子，就可以看到他长大之后的样子；根据一个人七岁时候的样子，就可以看到他老了之后的样子。在人生中的第一个七年，如果一个人形成了自卑的人格，那么，他就特别在乎自己"是否优秀"。

优秀和自卑就是一种平衡，所以，越是在乎优秀的人，势必有一个越自卑的东西来平衡。一种情况是，这种平衡在一个人的身上体现，于是我们常看到，那些特别要强的人反而自卑得不得了。还有一种情况是，这种平衡在一段关系中体现，因此一个优秀的女性会找一个在各方面处于弱势的男人，或一个优秀的男人会找一个条件远逊于自己的女性。

所以你会发现，追求优秀其实并没有直面自卑，最终导致优秀和自卑共存的局面。

# 直面自卑，悦纳自我

怎么才真正算是直面问题本身呢？答案是对一切说"是"，也就是接纳这一切，坦然接受命运馈赠的礼物，承认自己自卑，或承认父母确实让自己感到自卑，自己有点瞧不起父母，甚至对父母很有意见。当接纳这一切事实的时候，你对自卑就不会那么在乎了。同时，你对自卑也不再那么敏感，对优秀也不再那么执着。这个时候，如果你认真体会，会发现心中充满轻松、幸福的感受。

除了父母灌输的认知，自我评价过低也是造成自卑的重要原因。其实，一直和自己斗争的，不是别人，而是那个高度敏感、低自尊、完美主义的自己。

竞争意识过强的环境里，无论是同学、同事，还是朋友，都会让我们不自觉地互相比较，甚至攀比，渴望达到和别人相同的优秀标准。同时，没有得到同情、接纳、关怀、支持，都会让人产生自卑的感受。

自尊关乎一个人如何评价自己，如何看待自己的价值，也关系到一个人心里认为别人是如何看待自己的。低自尊的人时时刻刻在意别人的眼光，总能从这些眼光中读取到挑剔和鄙夷，最可怕的是他们总是将所有"责任"包揽——稍微出点差错，都会归结为自己不好，是自己的错。古人云，"行有不得，反求诸己"，意思是事情没有做成或者人际关系遭遇挫折，先从自身开始找原因。但是，出问题时反省自己，与低自尊的人总否定自己，完全是两回事。

前文提到自卑情绪形成的原因，既然低自尊引起的自卑是一种后天的体验，那么它就可以通过后天的努力来加以改变，所以我们可以培养、提高我们的自尊心，从而产生超越自卑情绪的体会。

第一，控制自我批评的冲动，接纳自己的不足。

自卑的人往往喜欢自我批评，但不知道这样做很可能因为自我批评而进一步损害自己的自尊心。由于我们的目标是增强自尊心，我们需要用自我同情来取代自我批评。自我批评往往让人把自己看得毫无用处，而且让人觉得它有说服力。此时，我们要学会用自我同情的方法来保护自尊心。具体来说，每当你自我批评的内心独白开始时，就问问自己，如果一个亲爱的朋友也在自我批评，你会对他说什么？结果是我们往往比自认为的更有同情心。那么，将你用在朋友身上的这些安慰用到自己身上，会避免用批判性的想法进一步伤害自己，还能帮助我们重建自尊心。其实，与其想方设法去改变自己的不足，不如想想如何放大自己的优点，最大化地表现自己的长处，让自己获得成就感，从而提高自尊心。

还有一种方法，就是做到扬长扬短。真实、坦荡地让别人知道我们的长处和短处，对方就知道该如何与我们合作。利用我们的长处，同时发挥他的优势，以弥补我们的短处，达成合作共赢。从长远来看，这种真实、坦荡的表达取得的共赢效果也能提高我们的自尊心。

马云就善于运用扬长扬短这个策略。马云公开讲他自己是老师，不会算账，后来他真的吸引到顶尖财务人才来帮他算账；他说自己不懂技术，于是技术高手们纷纷过来帮忙。由此可见，马云没有隐瞒自己的不足，而是坦白于他人，反而能够得到别人的帮助，以弥补自己的不足。他的事业越做越大，继而改变了我们中国人的购物方式。

第二，学会接受赞美，培养自我欣赏的能力。

提高自尊的最棘手的一个方面是当我们对自己感觉不好时，我们往往抵制来自他人的赞美，尽管这时候其实内心最需要的就是赞美。所以，当你受到别人的夸奖时，要学会接受它，避免下意识地不信任或者拒绝他人赞美的最好方法是提前准备简单的回应，并学会自如地使用它们。比如，每当你得到良好的反馈，你都可以毫不羞涩地说"谢谢""你也很好"等。随着时间的推移，拒绝赞美的冲动会消退。这个时候，你的自尊心正在慢慢增强。

第三，确定自己的能力，发现自己的价值。

自尊是通过我们在生活中展示真正的能力和成就而建立起

来的。如果你以自己是一个好厨师为荣，就多举行一些晚宴。如果你是一个优秀的跑步者，就可以多参加一些跑步比赛。简单说，发现你的核心能力，并找机会把它们表现出来，从而确认自己的价值。

如何发现自己的价值呢？我可以给大家几个建议。

第一，从小事做起。我写不了小说，但我可以写一首打油诗，这个诗公之于众之后，有人喜欢，就说明我有创作的能力。我不会画国画，但我画一个简单的朦胧画，自己欣赏，朋友欣赏，陌生人欣赏，也能给我带来一种积极的暗示。

第二，一定要去"晒"，一定要去说。要在朋友之间或者支持你的人中间晒，有时你在网上公开，会有很多无聊的人莫名其妙地攻击你。你要把你的创作、成就说给家人听，说给好友听，尽管这个成就很小，但他们总是爱你的，支持你的，关怀你的，他们一定会说你做得很好。所以，积极的反馈其实对我们自我价值的发现也是特别重要的。

第三，从现在开始向宏大的目标进发。宏大的目标现在制定也不晚，而且要靠很多具体的行动来实现，只要你想到你现在做的每一件小事情都是为了实现这个宏大的目标，那么这些小事情也会让你产生自我效能感。自我效能感是指个体对自己是否有能力完成某一个行为的自信程度。比如，你的目标是写一部长篇小说，虽然现在只写了两三千字，但它已经是宏大目标的一部分了。所以，你可以先设立大目标，然后一步一步地尝试实现它，虽然最终可能达不到目标，但是如果每天都在靠近这个宏大的目标，显然也是有意义、有价值、有作用的。

第四，很多尝新、试新的方法简单又有效。换一件新衣服很开心，学做一道新菜很开心，这就是一个好的开始。所以，尝新、试新也是我们增强自我效能感的简单易行的方法。人只要能够去创造、想象，做出以前没有做的事情，说出以前没有说的话，想出以前没有想到过的主意，都会为我们积极的心理力量提供特别重要的营养。

第五，追随优秀的朋友、组织或团队，享受"反射的光荣"。什么是反射的光荣呢？心理学上有个概念，英文叫作"reflected glory"，就是说当我们喜欢的、崇拜的对象有一种光荣感的时候，我们自己会有一种共享的光荣，仿佛他们的成功就等于我们自己的成功。比如你喜欢的球队赢得了冠军，你也会感到特别光荣，这就是反射的光荣。提升自尊心，克服自卑情绪，借助反射的光荣也是一个简单易行的方法。

第六，加入一些你认同的人、认同的事，这些人和事都和你的自尊心紧密相连。比如，清华大学登上了中央电视台，一个清华大学的厨师会如同自己登上中央电视台那样高兴。尽量与正面的、积极的、能够提高你自尊心的那些人、事、集体联系在一起，当他们好时，你就感觉自己也好。

以上这些方法都没有立竿见影的效果，但是，你要有足够的耐心，明白超越自卑不是一朝一夕就能做到的。你能做的是允许这一切的发生，接纳自己，不论长处还是短处。你可以对自己说："是的，我现在做不到，我现在无法超越。"或者你也可以换一种想法："命运给我关闭了这扇窗，但一定是另有安排。"

# ABC理论，关键在于B

美国心理学家阿尔伯特·艾利斯（Albert Ellis）创建了著名的"ABC理论"，A指事件的起因，B是你对这些起因的想法，C是这些想法造成的后果。相同的A可能导致不同的C，关键就在B。

想象一下在某天，你正在大路上散步，突然从路口冲出一辆自行车，当时如果你想："这个人真不小心，差一点就撞到我了！"你就会觉得自己真不走运，心情自然变差。如果换一个角度，你的想法是："哎呀！幸好冲出来的是自行车，而不是汽车。"此时你应该不会觉得自己运气不好，反而会为此庆幸。

再举个例子，男朋友迟到，若你的想法是："迟到这么久，他一点都不在乎我。"你一定会不高兴，甚至要和他分手。如果你想的是："他到现在还没来，不会是出什么事了吧？"这时，你不但不会生他的气，反而还会替他担心。

还有，在工作中遭遇职场斗争，被同事陷害，你这样想："用这么小的代价，就看清了一个人，真值！"很快就会释怀。但如果你想："我对她这么好，她怎么如此对我？"便会联想到最近发生的所有不愉快的事，心情也跟着低落。

所以，超越自卑，提高自尊，必不可少的一点就是活学活用ABC理论，用积极的想法来解释一切行为。

总而言之，克服自卑情绪，提高自尊，需要不懈的努力，因为它涉及培养和保持健康的情绪管理习惯。相信自己一次比一次更好时，你会发现自己连走路都意气风发，充满生机。

请所有读者记住：你才是你生活的主角，其他任何人都是配角，要活出心花怒放的自己。

问自己

1. 回想一下，自己有没有自卑的时候，思考是否有必要超越？

2. 找出身边难相处的人，思考一下，他/她是否有自卑情结，如果有的话，想想如何改变与之相处的策略？

了解更多的心理学研究

自卑体现的是个人对自我认知的偏差，即对自己的不自信。在自我认知的过程中，能力不足者和能力杰出者都会出现自我认知上的困境。心理学中有著名的"邓宁-克鲁格效应"，该效应关注的是人们的自我认知能力，其中最为人所熟知的结论是：在某项任务中表现差的参与者更倾向于过高评估自己的表现——通俗地说就是"越无知的人越自信"。为了掩盖自己的自卑，人们会走向自卑的另外一个极端——自负。能力不足者在评价自己的个人能力时面

第 1 篇　消极情绪篇——化消极情绪为积极优势

临着认知与元认知的双重困境：解决问题所需的技能同时也是评价自己的表现所需的技能。能力不足者在以上两个方面容易高估自己的实际表现；而能力杰出者在自我评价时同样面临着难题：他们倾向于认为自己所掌握的知识和技能也更可能为他人所掌握，因而会低估自己的实际表现。

# 第 5 章

## 焦虑：如何克服
## 无处不在的焦虑？

与愤怒、自卑一样，焦虑也是一个看似非常不讨人喜欢的情绪。这种情绪常常会让我们心神不宁，坐立难安，甚至让我们在漫漫长夜中难以入眠。在压力较大的当今社会，焦虑是我们非常熟悉的情绪，熟悉到有时候哪怕只是看到"焦虑"这两个字，就已经开始焦虑了。

# 人人都有过焦虑情绪

有一位心理学博士，毕业后从事出版工作。2021年，她出了一本关于焦虑的书，在策划创意阶段，所有人都建议在书名中突出"焦虑"二字，让读者一眼就能看见。她的团队为这本书做了大量的工作，万事俱备。然而，这本书上市后遇冷，销量很差。编辑们很不解，不知道问题到底出在哪里。内容过硬，宣传也做到位了，大家只能把原因归结于出版是个令人遗憾的艺术，销量不好也没办法。

这位博士不服输，她总觉得一定有原因，于是，她一条一条地翻看评论。终于，她发现一条评论竟然是："看到书名中的焦虑两个字，我更焦虑了，我怎么会买一本让我更焦虑的书呢？"这条评论的点赞量高达2.4万人次。

她恍然大悟，原来，带有"焦虑"两个字的书名无意中刺激了人们心中关于焦虑的痛苦体验，才导致这本书卖不动。后来，这位博士改了书名，重新出版，果然，书的销量大涨。

关于焦虑的调查显示，96%的人们心中都有令自己焦虑的事。工作压力的不断加大、生活节奏的不断加快、社会竞争的不断加剧等，带给人们非常多的未知和不安。造成人们焦虑的事件有很多，既可能是某种突发的大事件，比如突然失业，也可能是生活中的琐事。

我们都曾任性地焦虑过。

学生时代的我们，为了每一次考试而焦虑；

熬过了高考的我们，为了毕业、出国留学、找工作而焦虑；

工作中的我们，为了业绩考核、个人升迁而焦虑；

成家后的我们，为了买房、还房贷而焦虑；

有了孩子以后，焦虑的事情就更多了——孩子的健康、教育等都可能成为我们焦虑的来源。

在重视家庭以及群体关系的中国文化背景下，我们还常常会因为人际、家庭矛盾产生焦虑，比如因为婆媳矛盾而导致焦虑。

# 焦虑的适度与无度

焦虑，很多时候是由期望与现实之间的落差造成的。说起来，任何有追求、有责任、有担当的人都会焦虑，因为我们想让自己变得更优秀，想让家人过上更好的生活。

虽然焦虑让人发愁，但适度的焦虑可以激发我们的创造力。早在1908年，哈佛大学心理学家罗伯特·耶基斯和约翰·多德森提出"耶基斯–多德森曲线"，测试的是焦虑与工作业绩的关系：过度焦虑和不焦虑，业绩都不好；而处于中间，也就是适度焦虑，业绩就明显好很多。

适度的焦虑能让我们做事时精力集中，更有可能获得成功。《史记》中记载了李广射石的故事，也说明了适度焦虑对成功的重要性。有一天，李广去打猎，看到草丛中有黑影，以为是老虎，很是紧张，立刻张弓而射。天亮后，他仔细看去，原来是一块大石头，顿时放松了，这时再试着射箭，就怎么也射不进石头里去了。诗人卢纶用诗句记录了这个奇妙的故事："林暗草惊风，将军夜引弓，平明寻白羽，没在石棱中。"李广的故事启示我们，适度的焦虑会激发我们的潜能。

物极必反，极度焦虑则会把我们的生活搞得一团乱。美国密歇根州立大学的心理学家杰森·莫泽发现，太高的焦虑水平甚至会让一项简单的任务变得难以完成。莫泽和他的同事合作发起了一项研究，该研究让一些学生完成一个辨别字母的任务，并在完成任务的过程中对学生们的大脑活动进行监测。

结果表明，那些认为自己高度焦虑的学生完成练习时需要付出更多的努力。这部分学生大脑中的前扣带皮层，也就是控制焦虑的中枢，表现得比其他学生活跃很多。这说明，相比于不那么焦虑的学生，这些高度焦虑的学生需要用更多的精力去控制自己的焦虑，才能完成任务。

焦虑过度的时候，人们的神经功能就会过度亢奋，身体也会有一些不良反应，如颤抖不止，坐立不安，注意力不集中，肠胃功能紊乱等。如果人们长期处于高度焦虑的状态，就会患上焦虑症。如果你经常对日常情景感到强烈的、过度的焦虑，就要考虑是否患上了焦虑症。

焦虑症患者会长期出现以下几种症状：躁动不安，有种急迫感；无法控制担忧的情绪；易怒；很难集中注意；睡眠困难，如入睡艰难或难以保证睡眠质量。研究显示，女性患焦虑症的比例几乎是男性的两倍。这可能是生理因素造成的。相比于男性，女性对影响压力反应的促肾上腺皮质激素更敏感，同时女性大脑对"让人感觉良好"的血清素的处理更慢。

焦虑症会严重影响我们的生活，它也是引发抑郁的一大诱因。如果你怀疑自己患上了焦虑症，需要尽早寻求专业机构的帮助，千万不能讳疾忌医，以免造成不可挽回的后果。

# 如何缓解焦虑？

第一，不要刻意抑制焦虑，学会转移注意力。

美国社会心理学家丹尼尔·魏格纳（Daniel Wegner）提出的"白熊效应"，最初就是为了解决焦虑问题的。他做过一个实验，要求参与者尝试不要想象一只白色的熊，结果人们的思维出现强烈的反弹，很快在脑海中浮现出一只白熊的形象。根据这个实验，他发现人们越想忘掉的事，反而越忘不掉。这也解释了为什么那些被焦虑困扰的人越想控制自己的焦虑，反而越焦虑。

丹尼尔·魏格纳还做了很多类似的实验，结果都指向了这种效应。比如你手上拿着一个怀表，你越想提醒自己手不抖，就抖得越厉害。射击运动员比赛时手里拿着枪，他手不抖才能打得准。所以高明的射击运动员在赛前准备的时候，提醒自己的不是手不要抖，而是用呼吸转移注意力，结果手不抖了，射击表现很优秀。

想疗愈分手之痛的人们，如果总是提醒自己不要想起伤心的回忆，结果却往往与之相反，越是想忘记，越会记忆清晰。此时，倒不如不去刻意控制回忆，而是去做一些运动，转移一下注意力。

白熊效应启示我们，不用刻意地去控制或者抑制焦虑，转而去把注意力放在鲜花、笑脸、阳光、大海这些美好的事物上，反而可以神清气爽，心花怒放。

第二，克服焦虑，我们还要给自己积极的暗示。

我做了一项研究，发现积极的词语，比如年轻、心花怒放、朝气蓬勃、福流澎湃等，传递给人们的是积极向上的能量。但如果我们看到痛苦、焦虑、郁闷等词语，就会变得心情低落，就像本章开头讲到的带有"焦虑"两个字的书名让人产生焦虑一样，文字和语言一样是有能量的。

心理学教授约翰·巴思（John Barth）做过一个相似的研究。他请一些大学生聊年轻之美，畅谈做年轻人有多好，这些年轻大学生就开始手舞足蹈，意气风发，越聊越开心；当他要求这些年轻人聊老年的痛苦时，这些大学生想象到老了之后没力气、无人照顾等痛苦场面，整体氛围很快沉重下来，每个人的脸上都布满愁云。所以说，读积极的书，看积极的文字是可以产生积极感受的。反过来说，读消极的书，看消极的文字，则会产生痛苦的感受。

除了积极的文字会给我们带来正能量，一些明亮温暖的颜色也会让我们心情舒畅。21世纪初，我和我的同事提出过"生态效价理论"。简单来说，人类在进化之初，没有任何语言和文字，只能根据物体的颜色来产生感受，例如，蓝天的颜色让人感觉舒服，火的颜色让人感觉危险。从本质上来讲，颜色与我们先祖的生存环境，也就是生态有关系，这种关系作为一种遗传基因代代相传。在人类记忆里，太阳很温暖，因此太阳的颜色——黄色能让人产生幸福愉悦的感觉。比如黄金是一种稀有的珍贵矿产，它的颜色让人产生愉悦甚至贵重的感觉。

德国哲学家康德说：黄色是幸福的颜色。其实幸福与焦虑就像是跷跷板的两端——让自己幸福，焦虑自然就少了。著名的甲壳虫乐队有一首很受欢迎的歌《黄色的潜水艇》（*yellow submarine*），向我们传达着"爱与和平"的信息，令听者心中充满幸福。

灿烂的黄色让我们不焦虑，让我们感觉到幸福。因此，我主办的国际积极心理学大会的徽标，选用的就是橘黄色，因为这是幸福的颜色。从这个角度来讲，我们可以通过接触积极的事物来摆脱焦虑的心境。

除了被动地接受外界积极事物的暗示，我们也可以主动给自己一些积极暗示。

有一个心理学现象叫作"具身认知"，翻译其实有点不太生动。我把它叫作"身体知识"，主要指生理体验与心理状态之间存在着强烈的联系，也就是说，我们在快乐时会微笑，在微笑时也会变得快乐；在伤心时会哭泣，在哭泣时也会变得伤心。这就是身心合一。"腹有诗书气自华"说的就是这种现象。

"身体知识"具有很强的现实意义，比如当你伤心、郁闷的时候，可以自拍一组面带微笑的照片，当面对镜头，做出嘴角上扬的动作时，你会发现自己的心情的确变好了一些；当你面对焦虑的时候，你可以谈笑风生，这会让你在谈笑间忘却焦虑。同时，按照"身体知识"理论，行为能够影响思维，复制行为也就可以复制思维。因此，焦虑的时候多笑笑，多跳跳，让自己的身体先快乐起来，你的心情也会随之明媚起来。

最后，总结一下，当你焦虑的时候，不要刻意抑制，试着转移注意力，多去接触积极的文字、颜色，多做一些让身体快乐的动作，焦虑情绪一定会有所缓解。

> **？**
> 问自己
>
> 1.孩子成绩不理想，你会焦虑吗？另一半失去工作，你会焦虑吗？想一想如何缓解？
>
> 2.观察一下，家里最近有没有正在焦虑的亲人？评估一下他的焦虑是轻度还是重度。

**了解更多的心理学研究**

关于焦虑，心理学家设计了暴露疗法实验，引导参与者逐步并重复地面对引发焦虑的情境，目的是减少他们的焦虑反应。研究显示，这种方法能有效降低焦虑症状，实际应用中则需要专业人士来操作。未来将探索数字技术，如在线治疗、虚拟现实（VR）治疗和移动应用，在治疗焦虑中的效果和可行性，还可以通过多种心理学理论和实验研究来理解焦虑如何影响个体的行为、健康和人际关系。随着未来研究的深入，心理学家希望能开发出更有效、更个性化的治疗方法来帮助焦虑者克服困难，提高他们的生活质量。

↓

# 第 6 章

# 孤独：可以独处，
# 不可以孤独

↓

现代社会，我们在生活和工作中越来越忙碌了，尽管身边时常有亲人、朋友、同事陪伴，但还是常常会感到孤独；更糟糕的是，我们甚至不知道自己为什么感到孤独。

有些人虽然已经结婚生子，建立了家庭，可是夜深人静的时候，看到熟睡的伴侣和孩子仍然感到孤单。

有些人白天忙了一天，晚上拖着疲惫的身体回到家里，并没有觉得放松，反而觉得空虚和寂寞。

有些人明明和一群人在一起嬉笑怒骂，还是隐隐约约感到孤独。他们觉得这样的交流很肤浅，人群中其实没有真正了解自己的人。

这种孤独不是物理的孤独，我称之为心灵的孤独。

现在很多人把这两种孤独混淆在一起，其实二者是完全不同的。心灵孤独的人，即使生活在人群中，也觉得自己是孤独的，他们感觉没有人理解自己，没有人同情自己，没有人关心自己，哪怕是和朋友们一起拍照，脸上虽然带着笑，内心依然感到孤单。

# 学会享受独处的魅力

物理空间的只身一人不是孤独，而是独处。独处的时候你可以读书、工作，此时你内心充实、有力，孤身但并不孤独，独处是智慧的体现，是能力的体现，是在给心灵充电。我们不能每天都去应酬，也不能没有私人空间。

哲学家叔本华就说过：没有相当程度的独处，就不可能有内心的平和。疫情防控期间，反而是我觉得内心最自由的时候。因为防疫要求我们尽量待在家中，我有了更多独处的时间，得以闲看庭前花开花落，品电影，看人生百态。傍晚时分，透过窗口，看落日余晖，别有一番风味。最让我欣喜的是，这段独处时间，让我得以静下心来，完成了三本书六十多万字的写作任务，这在以前是我不敢想象的。

这就是独处的魅力，像我这样享受独处的人不在少数。

# 真正的孤独是一种负面情绪

什么是孤独呢？美国心理学会曾就孤独做过一项调查，在400多名受访者中，90%的人自称常常感到孤独。这种感觉往往在人们渴望与其他人发生联系，但实际上又感觉距离很远的时候会产生，它是一种忧伤或者不适的情绪状态。

如果你经常体验到被冷落，跟周围的人格格不入，或在自己有需要的时候，没有人可以帮助你，那么说明你有较高程度的孤独感。

短暂的、轻度的孤独感不会造成心理问题，但长期的、严重的孤独感会引发某些情绪障碍，降低人的心理健康水平。长期的孤独会让人乏力，精神萎靡不振，甚至觉得前途渺茫。孤独感会令我们的认知扭曲，给身心健康造成严重的影响，比如诱发抑郁症或其他心理疾病。此外，长期的孤独感还会增加皮质醇的分泌，影响睡眠，降低免疫力，增加患心脏病、Ⅱ型糖尿病和关节炎等生理疾病的风险。

# 人为何会感到孤独?

　　我们为什么会感到孤独呢? 与周遭不匹配而造成的落差感会带来孤独。高处不胜寒的时候,众人皆醉我独醒的时候,一枝独秀的时候,往往就是孤独感来袭的时候。纵观古今中外,先知先觉的人、卓越优秀的人、超凡脱俗的人、与众不同的人,都会或多或少地感到孤独。

　　值得一提的是,孤独感是带有忧伤的负面情绪。如果你很优秀,觉得自己在人群中是独特的,甚至会因为自己的优秀感到开心、自豪,那就不是孤独感。但是,如果你很优秀,而你觉得不合适,不太好,很别扭,这种不舒服的感觉才叫孤独感。

　　心理学家发现孤独感是会传染的。孤独心理研究专家对5000多人长达10年的社会网络数据进行研究,发现那些感到孤独的人,通常会在离开一个群体之前,把自己的孤独感传染给群体里面的其他人。孤独感带来的伤痛,堪比物理伤害带来的伤痛。情感神经科学家娜奥米·艾森伯格(Naomi Eisenberger)就发现用针刺手掌心产生疼痛感的大脑区域与被群体排挤产生疼痛感的大脑区域是同一个。她在一个研究中让参与者在网上与另外几名"玩家"玩一个传球游戏，并观测他们大脑的反应。实际上，在这个游戏中，其他的玩家都是虚拟的，只有参与者自己才是真正的玩家，但是，参与者对此并不知情。当其他"玩家"都不传球给参与者，也就是排斥参与者时，参与者大脑的活跃区域和他们的身体感到痛苦时的活跃区域是重叠的。

心理学有一个很重要的孤独感量表，也就是美国加州大学洛杉矶分校的心理学家发明的孤独感鉴定量表（Loneliness Scale, University of California at Los Angeles, UCLA），可以帮助我们分析自己的孤独感。量表就放在本书的附录，读者朋友可以自己去测一测，你是不是感到孤独。

# 如何从全然的孤独中突围？

如何走出孤独呢？著名心理学家弗洛姆说过，人也许能够忍受饥饿和压迫的痛苦，却很难忍受所有痛苦中最痛苦的一种，那就是全然的孤独。

那么，有什么办法可以让我们从这种全然的孤独中突围出来呢？

第一，对自己好一点，做一些让自己开心的事儿。感到孤独的时候，第一件事情就是不要去责备自己，不要去分析自己为什么总是这样，给自己找个事情做，出去散散步，听听音乐，读读书，听听课。做让自己开心的事，是走出孤独最简单的第一步。

第二，发现生活中的小乐趣，并把它传递出去。生活中有很多美好瞬间，值得我们去发现和欣赏。与他人分享这样的乐趣，不仅可以让快乐加倍，还可以让我们与他人的关系更加紧密。前些天，我的小儿子发来视频，分享他生活中的趣事——他第一次做鱼香茄子，就取得了成功，很开心。看到他眉飞色舞的率真模样，我心中的幸福感油然而生，虽然我和孩子远隔千里，但我们仍然心心相印。

当你发现生活中有让你感到快乐的瞬间时，记得和朋友或家人分享，打电话、发微信都行。很快，你就会发现和他们的关系变得紧密了，快乐也多了一些，孤独感自然就少了不少。

第三，走进人群，锻炼和陌生人说话的勇气。多去参加体育活动、社交活动、集体活动，大胆地走进人群，不要总是想着如何回避他人。心理学研究发现，即使和陌生人打个招呼，比如和售货员、外卖小哥或者保安说说话，都会让我们感到社会关系的存在。

第四，主动社交，建立自己的社交支持网络。不要总是被动地等着别人来找你，可以试着主动参加一些社交活动，认识一些朋友。比如，主动参与别人的游戏，参与同事的讨论，主动帮助别人，主动表达对他人的欣赏和对他人的支持，多参加公益活动，也可以参加兴趣小组，和那些有着共同爱好、相同经历或者志向的人在一起。如此一来，你身边就会聚集一些志同道合、喜爱你的朋友。

第五，培养高尚的感觉。所谓高尚的感觉，就像是我们觉得自己很渺小的一种感受，或者是一种从没有体验过的新鲜的感觉。当我们看到美丽的自然奇观，比如大海、高山、星空、宇宙，或者当我们欣赏其他人的一些崇高的道德行为的时候，我们都会产生超越自我、敬畏、神往等感觉，这些就是高尚的感觉，可以帮我们战胜孤独。

第六，勇敢地尝试跨界。那些认为自己在事业上孤立无援的朋友，可以大胆尝试，跳出自己原有的圈子，扩充社会资本。著名社会学家马克·格兰诺维特（Mark Granovetter）就发现，真正有用的关系不是亲朋好友这种经常见面的强联系，反而是那些弱联系，也就是说，大多数你真正用到的人际关系，不是来自那些经常见面的人，反而是那些你不怎么联系的老同学，或者是你连名字都记不起来的老同事，甚至是街上遇到的陌生人，他们都不常在你的社交圈里。其中的原因很容易理解，所谓人以群分，物以类聚，强联系的组织往往相似度很高，掌握的知识和信息的重叠程度很高。你不知道的信息，他们其实也不知道；你知道的，他们早就知道。那些与你弱联系的人，他们知道的信息，你可能并不知道，他们更有可能分享一些你不知道的事情，或许这个信息就可以让你在所困的事业上一飞冲天，帮你转危为安。

这和古人讲的"兼听则明"是一个道理。所以，来自不同圈子的信息往往可以让我们少走弯路，或者有机会建立新的联系。因此，一定要去接触那些弱联系，善待所有的陌生人，因为他们可能给你带来新的信息、新的机遇、新的希望。

从这个意义上说，越是能够跨界的人，越是能够接触到不同圈层的人，反而越容易成功。所以，格兰诺维特称这种现象为"弱关系的强势效应"。我们一定要有跨界的勇气，你敢这么做，就可以跨越孤独感带来的痛苦，没有这种勇敢超越自我的精神，也许你永远会被原有的生活方式、生活习惯和生活圈子所禁锢。

如果我们能够区分孤独与独处的不同，学会自己阐释孤独的表现，了解孤独感带来的后果，努力探究孤独的原因，那么，我们就可以很快战胜孤独。

孤独不是一个容易面对的问题，没有适用于每个人的固定答案。但是，最好的答案一定是你自己的行动和决心。

问自己

1.你最近制定过独处计划吗？

2.你更喜欢和哪一种人聊天：独来独往的人，还是朋友很多的人？

了解更多
的心理学
研究

**社会隔离理论：** 孤独感通常与社会隔离联系在一起。这个理论认为，人是社会动物，需要与他人的联系和互动，缺乏这些联系会导致孤独感，进而影响个体的心理和身体健康。依恋理论：早期与照顾者的依恋关系会影响个体后来的社会关系和孤独感。安全依恋的个体可能更能建立稳定的社会关系，而不安全依恋的个体可能更容易感到孤独。社会认知理论：孤独感部分源于个体对社交情境的感知和认知。一些人可能因为负面的社会认知，如过度批判自己或他人，而更容易感到孤独。未来关于孤独的研究包括，数字技术对孤独感的影响，以及探索如何有效地识别、预防和减轻孤独感，以促进更健康、更连通的社会。

↓

# 第 7 章

# 抑郁（上）：我们
# 离抑郁有多近？

↓

当你闷闷不乐超过两周，就可能出现抑郁倾向了。

一个抑郁的朋友这样描述自己的世界："我在无边的黑暗中，一片死寂，我的心情很差，坏心情就像一个沼泽，我越努力挣扎，就越陷越深。我甚至时常感到自己很无能，什么都做不好，害怕在人际关系中受伤，害怕做错事，害怕被别人讨厌，害怕竞争中失败，害怕被评价，觉得人生没有意义，看见窗户就想跳下去。我身处阳光照射不到的角落，生活在常人无法理解的世界中。"

# 早期觉察抑郁

在抑郁症之前，相信很多人都经历过这样的抑郁心境，愁苦而烦闷。

"积极心理学之父"塞利格曼指出，抑郁的人会在思想、情绪、行为和生理4个方面发生消极的变化。

在抑郁者眼中，很小的障碍看起来都像不可逾越的高山，对"为什么你的成功其实是个失败了"这个问题有着无数的理由。情绪会非常差，很容易哭。在行为上，抑郁者非常被动、犹豫不决，甚至有自杀行为。生理上的变化包括没有胃口，没有性欲，失眠，感到很疲倦。

尽管抑郁让我们痛苦、难受，但抑郁也有积极的一面。抑郁时，人的批判性思维可能变得敏锐，能够洞察人世间阴暗、虚伪的一面。古代有很多郁郁不得志的诗人就是在情绪抑郁时，写出了反映社会现实的名句，流传千古。例如，杜甫面对国家衰亡，愁绪无处排解，写出了"感时花溅泪，恨别鸟惊心"；仕途不顺的李商隐心灰意冷，因此有了"夕阳无限好，只是近黄昏"的感叹；辛弃疾饱尝壮志难酬的苦闷，创作出

"了却君王天下事，赢得生前身后名。可怜白发生！"这样的名句。

抑郁和悲伤不是一回事，悲伤的情绪里包含着正面的回忆。例如，亲人离世，你感到很悲伤，但回忆往昔，你还是会被当年甜蜜的过往经历感染。可以说悲伤是一种波浪式的情绪起伏，当事情过去，随着时间的流逝，我们会恢复平静和喜悦，不再悲伤。至亲的离开、恋爱的失败、职场的排挤可能会让人痛苦到无法忍受，但对大多数人而言，它终究会过去，不会令人感到对生活的无望、对人性的绝望和对自我价值的怀疑，不会因此常怀内疚。

而抑郁情绪会持续很长时间，是一种比较恒定的不愉快体验。长期抑郁甚至可能导致抑郁症。因此，早期觉察抑郁，对预防抑郁症意义重大。

有抑郁情绪不等于患上抑郁症，很多人出于对抑郁症的恐惧，经常自己吓唬自己。典型的就是，有些人出现一段时间的心情低落、悲观厌世，就开始怀疑自己患上了抑郁症，实际上很可能只是正常的抑郁情绪的波动而已。

那么，如何分辨自己是陷入了抑郁情绪，还是得了抑郁症呢？

抑郁是人们都会有的一种情绪上的低落，包括无助、无力、绝望。而抑郁症通常是伴随自杀的倾向、长期的睡眠障碍、身心疼痛，属于一种疾病。除此之外，抑郁症有六个标志：心情不愉快，对任何事情都没兴趣；胃口不好；做事情没劲，特别容易疲劳；不喜欢参加任何社交和体育活动；经常觉得自己无能，感到内疚；很难将自己的精力集中在同一件事情上。

# 抑郁是一种孤独的痛苦

我经常讲抑郁是一种孤独的痛苦。很多时候，当我们身处人群中，言笑晏晏，欢声笑语，此时此刻似乎有一种感觉：自己一点都不抑郁了。但实际上，这并不表示你不抑郁，只是你周围的环境让你没有表现出抑郁。比如说你是老师，你正在上课，跟同学们在一起，你必须表演出激情洋溢的样子。如果你是位喜剧演员，在舞台上表演时，你一定要秉承职业精神，让自己看起来情绪高涨，让观众感受到喜悦、快乐。我们普遍认为喜剧演员绝对不会抑郁，但现实恰恰相反，喜剧演员在生活中也会有许多不尽如人意的时候，而且他们往往不能像普通人那样想哭就哭，想笑就笑，必须在演出中将欢笑带给观众，将负面情绪压抑在心底。

我们每个人都要遵守社会规则，扮演不同的社会角色。上班的时候，作为职场人，一定要朝气蓬勃，有说有笑地和同事在一起，但是我们真正感到抑郁的时候一定是只身一人且深感无助的时候，所以说抑郁是一种孤独的痛苦。

# 是什么导致了抑郁？

首先是季节的因素，轻则引起抑郁情绪，重则导致抑郁症爆发。

春天，特别是4月，是万物生长的时节，一切看起来欣欣向荣。但你一定想不到，4月最容易引发人们的抑郁情绪，英国诗人艾略特的诗句就把4月称为"最残忍的月份"。

50%～75%的德国人体验过春天的不愉快和心力疲倦，这叫作春天疲倦。社会学家德坎认为，春夏带来了季节性的复苏，人们走向户外，好像与整个大自然融为一体，感受着大自然带给人们的神奇力量，大量的社会活动也开始了。在有的人眼里，连绵的阴雨天、倒春寒，这种天气的变化会影响自己的情绪。失眠、沮丧、提不起劲成了这些人的常态，这也暴露出这些人关系的缺失和性格上的缺陷，让他们很容易陷入抑郁的情绪。

在万物生长的季节，看见花草树木等都在生发，但自己的内心陷入痛苦中无法自拔，无法像别的事物那样生机勃勃。有一个抑郁症患者曾经说，当他看到蝴蝶的一刹那是开心的，但他马上感到悲伤："蝴蝶那么美，而自己这么糟糕。"当他看到一只苍蝇飞进自己的房间，立刻觉得自己像那只苍蝇一样乱撞，心里平静了些，甚至心生怜悯，开窗让它飞走了。总之季节交替时，是比较难熬的阶段，人的情绪起伏会非常强烈。

抑郁症患者自杀也多发于这个季节。心理学家斯蒂芬·布里奇斯（Stephen Bridges）研究了20世纪70～90年代的自杀率，他发现一年内，自杀率的高峰往往是在春天晚期和夏天早期。他说尽管大家都觉得自杀率的高峰应该是在冬天发生，但是自杀率不会说谎。美国疾病防控中心和美国国家健康研究所发现冬天的自杀率反而是最低的，春夏之交的自杀率是最高的，也就是4月和5月的时候。

这一切仿佛都和人体血清素的分泌有关，血清素是人体内一种能让人产生愉悦情绪的神经递质。血清素的分泌多多少少与日照有很大的关系，冬天日照少，我们体内的血清素一直在消耗，亟需阳光的照射，让我们产生更多的血清素。而春天呢，正是我们的血清素青黄不接的时候，这让我们犯困，觉得特别累，身心都很疲倦。但是夏天到来后，日照增加，我们的血清素补充回来了，我们很快就神采奕奕。

抑郁的产生可能与食物也有一定的关系。冬天我们吃了很多高脂肪、高蛋白的东西，能量充足。春天来了，有人为了健康，有人为了美丽，开始减肥，减肥会造成身体的一些变化。女同胞在这方面的感受更明显一些。食物中的碳水化合物以及糖能够让人体产生一种物质，这种物质叫多巴胺。多巴胺也是神经系统传递兴奋和愉悦的神经递质。减肥者恰恰会大幅度减少糖分和碳水化合物的摄入，冬天养的膘减掉了，导致人体内的多巴胺严重不足，这也很容易导致抑郁情绪。

每年的5月，日本抑郁症患者会突然增多，他们称之为"5月病"。这是因为每年4月是新年度的开始，很多年轻人走上工作岗位时极其惶恐，工作一个多月就出现抑郁症状。

抑郁当然也有一定的心理因素。抑郁者的背后，都有"完美主义"的执念。佛罗里达大学的肯尼思·G.赖斯（Kenneth G.Rice）教授在《心理咨询》杂志上曾经发表过文章，阐述他的一项研究结果，即无法接受一切不完美事物的完美主义倾向是一种十分稳定的人格特质，而完美主义者那种经常感到难以达到内心标准的想法是诱发抑郁症的危险因素。赖斯和他的同事选择了84名在校大学生作为这次实验的被试者。在15个星期内，采用量表作答的方式，要求他们分3次进行有关完美主义人格特质和抑郁表现的自我评估。其中，完美主义量表包括"做到最好，永远都是不够的""我的表现很少能够达到我的标准"等描述观点的项目，学生们根据对这些观点同意的程度，逐条给自己打分；而在抑郁量表中，项目分别描述成"我感到我的人生是一场失败""我就像着了魔一样哭个不停"等等，学生们打分的根据则是自己多长时间会发生一次这些情况。

赖斯分析数据后发现，不正常的完美主义特质与抑郁症的表现之间存在高度相关性，而适度的（特别是不含自我批评的）完美主义倾向，则与抑郁症无关。

简单来讲，完美主义者总是对自己的现实不满意，认为自己的成就不足，只能责怪自己"无能"。每当事情没有达到理想状态时，自责就成了家常便饭，他们常常因此而自暴自弃。尽管在别人的眼里，他们已经很优秀了，但是在他们自己的眼里，自己"千疮百孔"，有无数的缺点。当这类人没有实现自己或他人设定的目标时，就会产生较大的心理落差，感到内疚，甚至羞愧，从而陷入抑郁情绪。

长期背负沉重的心理包袱，也容易诱发抑郁，严重的甚至让抑郁症爆发，危及生命。2004年11月9日，曾以《南京大屠杀实录》震撼全球的华裔女作家张纯如，在反复的精神崩溃后选择自杀。在《南京大屠杀实录》一书的写作过程中，为了保证书中所述历史的真实性，她不仅检索大量资料，还一次次去实地调查走访。在这个过程中，张纯如看到、感受到了许多不为人知的残酷历史细节，她的内心一直承受着超过常人所能负荷的黑暗与压抑。"气得发抖，失眠，做噩梦，体重减轻，"张纯如说，"每天都接触到大量的记录日军暴行的历史文档，精神上受了很大的创伤，常患失眠和忧郁，掉了很多头发。"

长期的抑郁压垮了张纯如，一天深夜，她将自己的白色轿车停在一段荒僻的公路旁，然后掏出手枪，结束了年仅36岁的生命。

其实，张纯如出身书香门第，父母都是美国名校理工专业教授，家境优渥，她完全可以选择不触碰这么沉重的题材。但作为一个历史写作者，她的良心与责任感推动着她完成这部书稿，为了让全世界看到南京大屠杀的真相。

2017年世界卫生组织调查报告显示，全球超过3亿人患有抑郁。世界卫生组织把抑郁列为全球范围内导致身心失能的头号元凶。因此，了解抑郁，并正确面对抑郁症，是每一个追求幸福的现代人的必修课。

↓

# 第 8 章

# 抑郁（下）：走出
# 抑郁的阴影

↓

抑郁情绪和抑郁症有诸多不同。患上抑郁症如同坠落于一个伸手不见五指的漆黑谷底，那么，只有来自患者内心想要治疗的动力才能为谷底带来光亮。因此，抑郁症患者一定要去看医生，遵医嘱吃药，才能让自己获得一线生机。

　　有轻度的抑郁情绪，就是我们通常说的"心情不好"，这样的朋友们多多学习积极心理学，用积极的知识、体验、方法、技巧来改善自己的抑郁状态，防止抑郁情绪发展成抑郁症。积极心理学认为应对抑郁情绪的方法应该是积极心理的调整方法，我们要用一些积极的策略来引导抑郁者，将抑郁转移、替代、升华成积极的情绪。

# 一位抑郁者的觉醒与自救

　　我的一位朋友，曾用15年的时间积累起上亿财富，衣着光鲜，事业有成。然而，当一场金融风暴席卷全球，42岁的他一夜之间回到赤贫，豪车、别墅被拍卖。随后他抑郁了，他能够清楚地感觉到自己的生命力在一点点流失和衰败。然而，他不敢去看医生，一方面，害怕会被确诊；另一方面，也害怕被熟人发现。一想到大家知道他得了抑郁，会为他感到好奇、惋惜时，他就宁愿让自己在这样的痛苦中沉沦下去。

　　有一次他来上我的课，寻求我的帮助。当时我正在国内传播积极心理学，深知情绪的替代和升华的意义。我没有引导他回忆让他陷入抑郁的过往场景，也没有帮他探究原生家庭的罪过。

　　我只是反问他："你看你都活不下去了，都要自杀了，难道不应该回家去见父母最后一面吗？"

　　他说："对啊，我都要死了，确实应该回去和父母告个别。"

　　他的回答让我内心有一点安慰，我感觉他很有可能走出抑郁。

　　从他的描述中，我了解到距他的家2公里处有一座林场，林场里有很多刚刚锯下来的粗树干。

　　我建议他："回到家，给你一个任务，做完这个任务，你和父母的缘分就尽了，你可以安心地去另一个世界。这个任务是你请母亲帮你将30根粗树干从林场搬到院子里，什么理由都可以。"

这位朋友是个执行力很强的人。上完课，他真的飞回老家照我的办法去做。一年后，当我再次见到他，他已经脱胎换骨，神采飞扬，像换了一个人似的。此时，我知道他已经彻底走出了抑郁情绪。

为什么会有如此惊人的转变呢？下面的这段文字来自他的回忆录，给出了答案。

我回到家，步履沉重，只想着赶紧完成任务，和母亲早点告别，快点离开。

母亲看我回来，特别高兴，她的白头发比去年又多了，步履也有些不稳。看着她欢快的背影，我一阵心酸，在心里默默地说："妈，你唯一的儿子今天来见你最后一面，你一定后悔生了我这么一个儿子吧。"我不忍告诉她，只能用这样的方式和她告别。

我编了一个合理的谎话："妈，从林场买30根大木头吧，这次我在家待的时间长，我想做点木工活，打点家具。"母亲高兴得像个孩子，以为这次可以享受天伦之乐。

我交代母亲："我午睡起来，帮你一起去把木头装车拉回来。"

那天，我一觉睡到下午3点，睁开眼，心情依然沉重，烦躁得很。我走到窗前，已然将中午的话忘到了九霄云外。

突然，透过窗户，我看到一个瘦弱的身影，抱着一根比她的腰还粗的木头，艰难地挪动着。那是我的母亲，此时，她已经70岁了。此刻，她还不知道她唯一的儿子已经打算要离开人世，离开她。

那一刻，我泪如雨下，不能动弹。我只是提了一个要求，70岁的母亲竟然真的努力帮我实现。我以为，难过的只有我自己，却不曾想，实际上，我的崩溃也是对她的折磨。

我看着她一根一根地把木头拖回来，放在空地上，一趟又一趟。

我没有去帮母亲。我知道她想为自己的儿子做点事。

就这样，我站在窗户边，终于抑制不住，趴到床上号啕大哭。那一天，我终于理解了什么是"为母则刚"。

不知过了多久，我擦干眼泪，走向母亲。

她正坐在地上，汗珠映得她的脸更加红润了。晚霞火红，炊烟袅袅升起，这情景很熟悉，很温馨。突然一下子，我的头脑明亮起来，神清气爽，过往的痛苦抛在脑后。我知道我走出了抑郁。

看到这段描述，我会心一笑，也许这就是心理学的奇妙之处。

# 建立亲密关系

　　心理学有一个著名理论，叫作恐惧管理理论，由美国堪萨斯大学的3位心理学家——杰夫·格林伯格、谢尔登·所罗门汤姆·匹茨辛斯基在1984年共同提出。该理论的基本观点是，每个人都有对死亡的恐惧心理，为了缓解对死亡的恐惧，人们创立了文化世界观。文化世界观可以使人们感觉象征性地超越死亡，可以给人提供一种感受，即每个人都是这个有意义的世界中有意义、有价值的一员。恐惧管理理论提出了自我心态保护的两种机制——近端防御机制和远端防御机制。

　　抑郁情绪的管理也有近端防御和远端防御。近端防御就是自我暗示、自我激励，找到自我心理调节的技巧和方法，比如说深呼吸、打坐、冥想等；远端防御则是让一个人逐渐形成自己的积极人生态度。

　　帮助这位先生走出抑郁的首要法宝，是建立亲密关系，这是能够让自己开心的远端防御机制。亲密的人际关系刺激催产素，瑞士苏黎世大学费尔教授第一个发现催产素对积极情绪的促进作用，无论是母爱、父爱，还是兄弟姐妹的支持，都可以让人产生积极的情绪体验。哈佛大学研究团队曾开展过一项长达70多年的追踪研究，为发现哈佛的毕业生中谁会成为人生赢家。追踪结果显示，真正决定一个人成功的因素，不是大学专业，不是学习成绩，而是美好的关系，包括稳定的家庭关系、亲密的朋友关系等。所以，关系不仅是我们人生幸福的关键因素，也是我们事业成功的法宝。

# 哭

哭是走出抑郁情绪的法宝之一。

哭是好事，为什么？因为哭除了能释放让人心情振奋的催产素，还会产生内啡肽，也有令情绪愉悦的作用。举个例子，辣味会在舌头上引发痛苦的感觉，为了平衡这种痛苦，人体会分泌内啡肽，消除舌头痛苦的同时，在人体内制造了类似于快乐的感觉。尽管哭是表达痛苦的一种行为，但哭也会刺激人体分泌内啡肽，因此说，引导陷入抑郁情绪的人放声大哭，可能是一种非常好的疗愈方法。

然而，在社会文化的潜移默化中，很多人已经很久没哭过了。

美国心理学会发布了一项调查数据，2020年美国的男性大概每个月哭两次，女性大概每个月哭四次。这说明哭有一些性别差异，但这个差异与后天文化的滋养脱不开干系。俗话说，男儿有泪不轻弹。男孩从小被教育不应该哭，要表现得很坚强。这种误区全世界都有，所以，长期以来，人们对哭有偏见，特别是男性的哭被视为软弱无能或情绪障碍。

其实，在心情抑郁的时候，哭一哭，是对自己内心抑郁情绪的一种释放。因此，我常开玩笑地说，人啊，最好一个月能哭个三五次，哭一哭更健康，令情绪彻底释放。如果你不想让别人看见你的眼泪，不想让人看见你的脆弱，那就找一个没人的地方，偷偷地抹抹眼泪。你会发现，哭过之后，你的世界海阔天空。

身处失败和逆境，几乎每个人都可能抑郁。面对抑郁，不同的排解方法会带来不同的命运。

# 冥想、运动、写作

走出抑郁的法宝有很多，冥想、禅修、运动对调节抑郁情绪都有很大的作用。然而，要瞬间从抑郁的状态调整到积极的心态不太容易，也不现实。最重要的是要意识到自己需要调整心态，并学会观察与反思自己内心的一些真实反应。例如，写作就是自我沟通与反思的过程，对战胜抑郁效果明显。抑郁时，会感觉很多事情失去了控制。当我们开始写作时，会不自觉地谋篇布局。"谋篇布局"增强了我们的控制感，这种控制感可以促进血清素的产生，让我们身心愉悦。写作还可以改变抑郁者看问题的角度。常言道，"当局者迷，旁观者清"。写作时，我们会从当前的事件中跳出来，保持中立的态度，会有严谨的思索、深入的批判，这样就可以找到困扰的症结所在。

那么，如何写才能产生更多的积极力量呢？

第一是多写。写作是倾诉，不是评判，不是比较。把烦恼写出来，就像是和朋友倾诉，烦恼得到宣泄。写得越多，心情可能越好。

第二是坚持写。争取每天写20分钟，20分钟是刚刚好的时间。也可以试一试新的写法、新的表达，尽量运用积极正面的语言去鼓励自己，给予自己肯定。

第三是别把写作当作一件大事，不要难为自己。其实写作不是一种工作，不是一种挑战。如果写作对于你来说不再是一种放松，而是一种折磨，那就要果断放弃。

# "睡道"至简

另外，睡眠问题几乎是困扰所有抑郁者的一大难题。在我看来，抑郁的烦恼是可以睡好的，至少有一半的烦恼是可以通过睡眠消除的。

很多人在睡觉时，采用"数羊"的方法来减轻自己的失眠。这个方法来源于西方，目的是在一种节奏中慢慢进入放松状态，逐渐入睡，类似于催眠疗法。但我发现数羊并不太适合中国人。羊的英文发音是"sheep"，睡觉是"sleep"，英文发音很接近，所以，在英文语境中，数羊就好像是说让自己睡觉。而咱们中国人数羊，发出的声调是高亢的，是向上的，越数就越兴奋：一只羊，两只羊，三只羊……可能数到两千只羊，还没睡着。而且数数会让人的精力都集中在数字上，只会让人越来越清醒。

那么有什么办法，让我们中国人也能安然入睡呢？受到数羊方法的启发，我们发现了一个促进睡眠的谐音法。老外是"sheep，sheep，sheep"就睡着了，我们可以"谁，谁，谁"，"谁"与"睡"谐音，也许很快就能入睡了。建议大家不妨试一试这种新的适合咱们中国人的数"谁"的方法。

还有什么方法能够帮我们入睡？正念可以让我们快速入睡，想象自己睡在一棵非常漂亮的树下或者一片草地上，想象自己带着快乐的念头入睡。正念是常用的入睡技巧。

总而言之，每个人的一生中都会遭遇或轻或重的抑郁，如何对待它会影响我们的生活、工作和健康，甚至是会影响我们的一生。就算已经抑郁，跌入了人生低谷，也要向上走，这就是积极心理学的积极意义。

1. 设想自己深陷失败或者他人责难中的场景，思考如何避免引发抑郁症。

2. 列出你平时无端自责的话，想出三句话来反驳！

贝克的认知理论认为抑郁症源于负面的认知模式；行为理论认为，抑郁症的发展与负性强化和活动量减少有关；心理动力理论将抑郁症看作是潜意识冲突和未解决的内心痛苦的表现。未来**神经生物学与心理学的整合研究**，将探索抑郁症的神经生物机制和心理过程之间的关联，以发现更有效的治疗方法，还会研究如何根据个体的特点（如症状类型、个性和生活经历）定制治疗方案，以提高治疗效果。

↓

# 第 9 章

# 失望：失望中孕育着
# 改变的生机

↓

当你发现事实跟你想的不一样，你会感到失望。"我本将心对明月，奈何明月照沟渠"，就是失望情绪的真实写照，用我们现代的语言解释是：我好心好意地对待你，你却无动于衷，毫不领情。自己的真心付出没有得到应有的回报和尊重，会很失望。

荷兰心理学家马塞尔·泽伦伯格（Marcel Zeelenberg）研究失望时，让被试者回忆一件令他们非常失望的事情。结果发现，失望的时候，很多被试者会感到无奈、无助，什么也不想做，只想逃避现实。

心理学家研究了人们产生负面情绪的频率后发现，失望是人们最频繁出现的负面情绪之一，紧跟在焦虑和愤怒的后面，位列第三。所以，我们真的有必要去了解失望到底是怎么一回事。

# 对自己失望

失望情绪一般有两种：一种是对自己的失望，另一种是对别人的失望。对自己的失望，往往与个人成就息息相关，心理学家称之为"与结果相关的失望"。打个比方，自己头悬梁锥刺股般刻苦学习，依然没有考上理想的大学，就会对自己很失望，甚至恨自己无能。

表面看，对自己失望是无法接受自己的不完美，实际上是走进了幸存者偏差的误区，也就是幸存偏误。具有幸存偏误的人极多。具有幸存偏误的人认为只要勤奋努力，就一定会成功；只要优秀，就一定会被认可。

这个概念来源于"二战"时的一个真实的故事。美国哥伦比亚大学统计学亚伯拉罕·沃德教授（Abraham Wald）应军方要求，利用其在统计方面的专业知识来提供关于"飞机应该如何加强防护，才能降低被炮火击落的概率"的相关建议。沃德教授针对联军的轰炸机遭受攻击后返回营地的轰炸机数据，进行研究后发现：机翼是最容易被击中的位置，机尾则是最少被击中的位置。据此，军方指挥官认为"应该加强机翼的防护"，但令人不解的是，沃德教授却给出了"应该强化机尾防护"的建议。在沃德教授的坚持下，军方采用了沃德教授的建议，并且后来证实该建议是正确的：并非机尾不易被击中，而是因为机尾被击中的飞机早已无法返航，看不见的弹痕最致命。

这个故事被后人用一个词语概括——幸存者偏差，指在日常生活中，我们更容易看到成功，看不到失败，因此，会系统性地高估成功的希望。

不了解现实的我们很快会陷入过度自信的效应中，系统性地高估自己的能力和学识，因此失败是在所难免的。率先发现这一现象的是心理学家马克·阿尔佩特和霍华·德雷法，他们认为过度自信会令我们忽视自己真正知道的东西与已知的东西之间的区别。

我们对自己失望，可能是因为高估了自己，因此，当我们在筹划任何事情时都从悲观的角度出发，做最坏的打算，才能更现实地判断当前的形势，更有机会获得成功，重塑信心。

# 对他人失望

研究发现，相较于对自己的失望，我们更容易对别人失望，心理学者称之为"与个人相关的失望"。我们常说的一句话是："我对你太失望了。"当说出这句话时，我们把情绪的掌控权交给了别人。亲密关系中，我们最容易说出这句话。

你和眼前的这位男士结了婚，你发现他对你越来越敷衍，结婚前对你百般讨好和献殷勤，婚后好像没那么在乎你，甚至惜字如金，话都不想和你多说一句。婚前的那些小浪漫到哪去了？于是，你认为他变了，不爱你了，越想越失望，委屈得直掉眼泪。

如果你因此对丈夫失望，你还真是没有看到男女之间的心理差异。男女的脑回路实在是差异太大了。最近有科学家证实，男性和女性的大脑确实有性别差异，而且早在胚胎发育过程中就已出现。中国台湾心理学者洪兰教授在"男女大脑的生理构造为何不同？"的演讲中提到，男生每天讲七千个字，女生每天讲两万个字。

无独有偶，英国首席神经精神病学家罗安·布里曾丹指出男人爱独处，女人爱倾诉。当压力增大时，人体大脑中的杏仁核就会被激活。男性杏仁核右侧部位活性更强，他们会用出去跑步等各种方式发泄怒气或用一个人独处等方式解压；而女性杏仁核的左侧部位活性更强，她们会通过与朋友聊天来慰藉自己的心灵。

这些差异，让女性经常觉得另一半"不可理喻"，感受着大小不同的失望。失望一天一天地累积，女性开始期待他有所改变。接着，一些很普遍的现象出现了。小王与老公两情相悦，但在生活中总有摩擦，每当小王感到委屈时，她总喜欢给老公转发一些自己认为好的文章，一般都是讲如何经营好家庭婚姻的或如何处理婆媳矛盾的，小王的老公刚开始还会回应"好""嗯"，可是渐渐地，几乎直接忽视小王发的信息。小王发现这件事情之后，干脆当面念给他听，但换来的只是他一脸的嫌弃，甚至躲在卫生间两三个小时不出来。

相信很多学了一些心理学的太太们都会有这样的困惑：明明我学的是正确的科学的心理学方法，告诉老公应该怎么做，为什么老公对此不以为然，还很抵触？我明明是为他好，为这个家好啊！更有甚者，为了让老公改变，逼着他去学习心理学，去上收费昂贵的课程，期待他能够在灵魂深处爆发革命。然而男士们往往对此很抵触，矛盾一触即发。

这一切，没有让女性变得幸福，反而更加烦恼：希望时时在，失望天天有；希望越大，失望也越大；希望越多，失望也会越多。当攒够了足够的失望之后，大多数人会不幸地选择离开。

如果因为失望而分手，确实令人遗憾。不对另一半有过高的要求，其实是对他的一种尊重，尊重他就是接受他。夫妻或者恋爱关系是一种互相接受乃至互相欣赏的关系。婚姻与爱情永远是一个共同修炼的过程，让双方的关系不断成熟，不断成长，这种成长应当是主动、积极的，不该是简单、被迫的改变。

我们永远不要把自己的意志强加到别人身上。强迫另一半改变，在某种程度上，说明你认为他有缺陷和不足，有让你不满意的地方，很多人没有意识到的是：这是对另一半的隐性指责，更加想不到的是，对方在这种情况下会产生这样的感受："现在的我在你眼里，是不够好的吗？你因为爱我才嫁给我，我以前就是这样，我现在还是这个样子，你突然对我不满意了，你是不是因为别的目的才跟我结婚？你想改变我，让我变得更好。我做得好，你接纳。我做得不好，我不改变，你是不是就不接纳我了？"

显然，这样的反应会产生一种排斥、抗拒，我们都不喜欢被别人强迫和改造。你最终会发现，改变别人是注定失败并且让你失望甚至痛苦的事。改变是互动的过程。希望另一半变好，你需要做的，是改变自己。你改变了，周围的一切就会改变来适应你。

# 失望的积极作用

尽管失望会给我们自己、我们所处的关系造成一定的伤害，但我也要为失望说说好话。

人们往往有夸大失望带来的负面作用的倾向。美国哈佛大学著名的心理学家丹尼尔·吉尔伯特曾做过一个研究，在评选结果出来前，他询问一些大学教授如果没有被评上终身教职会有什么感觉，多数人的回答都是非常失望。但是，当评选结果出来后，他再次询问那些大学教授没有如愿得到终身教职会有什么感受，结果发现，他们并没有自己预期的那样失望。这说明人们往往过高地预估了失望的危害，忽略了自己的心理能量和弹性。那么我们应该如何利用自己的心理能量将失望转化为希望呢？

当你失望了，首先要积极地看待失望。

没有期望就不会有失望，所有的失望往往都在亲密关系或者良好的关系基础上才会发生。如果你对某种关系毫不在乎，你就不会失望。这其实说明所有的失望都可以改变，因为它建立在良好关系的基础之上。

所有的失望其实都有变好的动机，换句话说，"我对你太失望了"其实是想说"希望我们还可以和好，我们还可以变更好"。如果一个人连这句话都不愿意说了，基本上表明他对你已经绝望、死心。听起来这是一个特别消极的表述，其实也包含了积极的意义，因为这代表了一种和好的愿望、行动的动机和自己认为应该如何做的清晰标准。

当你失望了，也要学会如何巧妙地表达失望。

如何不用"我很失望"这句话来表达埋怨是一个重要的生活技巧，也是我们积极心理学可以给出建议的地方。我们建议要使用合理的埋怨方法，伴侣做错事让你失望，你忍着不表达，是最具伤害性的方法，结果就是他不知道你的底线在哪里，接下来的所作所为会越来越令你失望。对双方都有利的策略就是进行有效的沟通，要说出自己为什么失望，双方坦诚地讨论"你到底做错什么了"这个问题。讨论的过程就是自省与成长的机会——在自我审视和重新评估失望事件的过程中，我们可以产生深刻且有益的智慧，并从失败的经历中获得教训。

如果你发现自己总是遭遇失望，那么，是时候审视一下自己的行为模式了，可能是你不当的行为模式让事情的结果总是不尽如人意。思考一下，在沟通的过程中，是否清楚明确地向他人表达过自己的预期，自己是否听清楚了他人的反馈等等。除了注意沟通过程中的细节，还可以反省一下自己实现期望的方式、方法是否有局限性。其实，"条条大路通罗马"。当你发现自己的预期总是实现不了的时候，可以停下来想一想，自己真的发现并探索了所有可以帮助实现预期的可能性了吗？

失望中孕育着改变的生机，希望的钥匙在自己的手中。钥匙只有合适的，没有万能的。如果你期望本章内容能解决一切失望，那你肯定会陷入新一轮的失望之中。

问自己

1. 找一个亲友未被满足的需求，想象这个需求给他带来的烦恼，思考如何解决？

2你今年做过让父母或者领导失望的事情吗？如果有，想三句话安慰一下自己。

了解更多
的心理学
研究

研究人员设计了这样的实验来测试个体的期望如何影响他们的满意度和失望感。让参与者对某项活动设定期望，然后测量实际体验后的满意度和失望水平。探讨当结果不符合期望时，个体如何进行归因，并如何影响他们的失望感。这涉及分析个体对失败的内部（个人责任）与外部（情境因素）归因的倾向。未来关于失望的研究方向有：探索不同文化背景对失望感知和表达的影响，以及文化价值观如何塑造对失望的态度和应对策略；评估不同干预措施（如认知行为疗法、情绪调节训练）在帮助人们管理失望感中的有效性，深化我们对失望处理机制的理解，并开发有效的干预策略，以帮助个体在面对失望时保持心理健康和幸福。

# 第10章

## 嫉妒：如何让嫉妒
## 生爱而不是恨？

著名心理学者戴维·巴斯（David M.Buss）曾经在密歇根大学做过一个有趣的研究，他分别请密歇根大学的男同学、女同学想象自己的情侣出轨，结果发现让男同学最嫉妒的是女性的肉体出轨，女性容易因为伴侣的精神出轨而产生嫉妒。

# 爱恨交织的嫉妒心理

嫉妒不是一种单一的情绪，它是多种强烈情绪的混合体，当人感到嫉妒时，会体验到愤怒、沮丧、自卑、怨恨或钦佩等多种复杂的情感。

嫉妒这种心理由来已久，古今中外的文学作品中，多有提及。莎士比亚在他的著作《奥赛罗》中，把嫉妒比作绿色眼睛的猫。作品中，邪恶的伊阿古提醒奥赛罗："当心你会嫉妒，那可是一只绿眼的猫，它惯于耍弄爪下的猎物。"伊阿古怀疑奥赛罗和自己的妻子出轨，又认为奥赛罗把原本属于他的职位晋升机会给了他人，便产生了爱恨交加的嫉妒心理，制造了奥赛罗妻子不忠的假象。最后奥赛罗也被嫉妒蒙蔽了双眼，杀死了自己的妻子。

奥赛罗的情杀是嫉妒造成的。相比较而言，男人对嫉妒的情绪反应是最强烈的。因为嫉妒，男人杀女人、杀情敌的概率是女性的三倍以上。

嫉妒对伴侣关系往往是最具有破坏性的。嫉妒能引发猜忌、不确定感和背叛感，使人感到痛苦和担忧。一个容易嫉妒的伴侣会对关系中的另一方产生更强的控制欲，希望通过这种控制降低这段关系中的不确定性，增加自己的安全感。但是，我们都知道，一段良好的关系必须是建立在充分信任对方的基础上的，如果一味地纵容自己的嫉妒心，只会让自己变得越来越疯狂。

# 嫉妒可以化危为机

　　亲密关系中的嫉妒并不总是坏事。戴维·巴斯与他的同事在顶尖的《心理科学》期刊上发表过一篇论文。在这篇令人耳目一新的文章中，巴斯明确提出：嫉妒作为一种古老的进化心理，功能在于促使人们采取措施，看好自己的另一半，否则就有可能招致巨大损失而后悔不迭。

　　所以，适当的嫉妒感其实会有维系感情、促进关系的效果。有时候，嫉妒心会给人造成一种危机感，激励人们去反省和改进自我，做更好的自己。比如女性看到丈夫很喜欢某位女明星，就会暗暗地也想向她学习打扮和穿搭，或者更加注重身材管理，以提升自己的魅力。又比如男性看到妻子对别人的男友大加赞赏，也会偷偷地学习一些浪漫的技巧，在巩固两人的关系上更加用心。一项有趣的研究发现，男性在其伴侣接近或处于排卵期的阶段似乎更容易做出一些配偶监护行为，例如悉心照料，而这些行为是与嫉妒感相关的。或许这是从进化的角度验证了嫉妒心对人际关系的积极意义。

在情感中，吃醋是一种普遍的嫉妒感受，即使两情相悦，其中一方也会因为某个事件吃醋。理性的嫉妒不会让人采取极端的手段，在遇到情感问题的时候，理性的嫉妒会让人们用爱去应对，也就是说，反思自己的不足，用更加美好、温暖的爱去牢牢拴住对方。

# 病理性嫉妒综合征

澳大利亚的心理学家做过一个长期实验，在9年间采访了18000位成年人，采用了严格的心理健康测试（SF-36）研究嫉妒的影响。实验证明，嫉妒心理大大影响一个人未来的心理健康和对生活的满意程度，带来更多的焦虑和愤怒情绪。频繁出现嫉妒心理的成年人，在三年后的心理健康测试中表现出更多的心理问题。

有一些人对感情产生某种不安的感觉后，就会采用非常极端的手法，像福尔摩斯一样侦查对方的蛛丝马迹，比如窃听对方的电话，或者偷看对方的短信，甚至派人跟踪对方。心理学家约翰·托德（John Todd）在1955年发现了病理性嫉妒综合征（Pathological Jealousy），也称奥赛罗综合征（Othello Syndrome），它是以怀疑伴侣对自己不忠的一种以嫉妒妄想为特征的精神疾病，具体症状就是反复产生伴侣不忠的幻想，出现有时为了寻找证据而跟踪伴侣的行为。这种症状可持续数年，严重的还会有强烈的攻击行为，甚至杀害情侣。

这些属于"非理性的嫉妒"。非理性嫉妒的思维模式通常有以下几种。

（1）"我在夫妻关系里，一定得获得忠诚，对方只对我动心，只爱我。"

（2）"如果我不是爱人的唯一，我就糟糕透顶，这种事情我是绝对无法忍受的。"

（3）"如果爱人对别人动了心，就说明我不好。"

生活，包括感情，从根本上讲是没有绝对保证的。爱不是婚姻的全部，婚姻是一种生活方式，没有人会一生一世地爱着你。用语言和情绪去交换彼此的忠诚，是没有实际效用的。

那如何获得婚姻的忠诚呢？你要全心全意地努力着，和伴侣创造一种仅仅能容纳你们双方的亲密关系，并且将这种亲密关系经营得很好。

在亲密关系中，无论男性还是女性，嫉妒实际上是一种自我保护的策略。而在竞争激烈的职场中，嫉妒的本质就是为了生存。简单来说，当我们看到他人在成绩、才能、相貌或性格特点等方面比自己优秀或者超过自己时，最普遍的嫉妒情绪便会产生——我们渴望得到他人拥有的东西，或者希望他人本来也能缺乏这些特征。心理学家发现，低自尊、高权谋性、高竞争性、高神经质的人更容易对他人产生嫉妒之心。

# 嫉妒也分善意和恶意

文化心理学的研究发现，嫉妒在美国文化中是被认为需要隐藏的情绪，所以在社会生活中，个人要不断觉察并不动声色地隐藏好嫉妒的情绪，以此来避免做出不适宜的行为。

在中国文化中，嫉妒虽然是一个会被认定为负面的情绪体验，可是对于这类体验，我们很少会公开讨论。我们的文化更多的是去谴责和鄙弃嫉妒这一内心体验。总而言之，社会对于嫉妒这种情绪体验持不赞赏的态度，更多地将它与"心胸狭窄""缺乏涵养"等描述相关联。

但是，随着科学的进步，心理学家发现嫉妒可以分为善意嫉妒和恶意嫉妒两种。善意嫉妒的人能够接受和认可别人比自己更好，并希望自己也变得和别人一样好；而恶意嫉妒的人则希望把别人的优势去掉，甚至为此做出损人不利己的事。换句话说，善意的嫉妒能激励人们提升自我，做更好的自己；而恶意的嫉妒则会促使人们做出破坏性的行为。

我们要知道，在一种资源稀缺、优胜劣汰的环境下，个体难免对周边的同事产生嫉妒，甚至敌意。知晓这些影响因素对我们理解和接受自己的嫉妒心是很重要的。

# 消解他人的嫉妒

　　我们现在知道了嫉妒并不总是坏事，但是如果一个人经常对他人感到嫉妒，因而影响了自己的心态和正常生活，那么就需要思考一下如何减少自己的嫉妒心，以及如何消除嫉妒给自己带来的负面影响。

　　积极心理学倡导悦纳自我。悦纳自我就是发现自己的优势，用积极的行动、运动、转移、替代、升华，这些都是我们可以做到的。要改变自己的看法，改变自己的性格很难，但我们可以改变自己的行动，用自己的优势消除嫉妒之心。

　　现在网上流行的一句话是，"没有对比就没有伤害"，这句话反映了嫉妒这种不好的情绪体验。如果你真的嫉妒一个人，这是推荐一个很好用的策略是去帮助他。我们往往会喜欢我们帮过的人。当我们帮助别人的时候，内心会产生一种优越感，产生一种自信，而这种优越感和自信恰恰是对方没有的。帮他的小忙，帮与你嫉妒这个事情无关的忙，比如，我不是给他本就兴隆的生意添砖加瓦，我是帮他找个女朋友，或者帮他做别的事情。在这个过程中，你会发现你对他的嫉妒之心不见了，取而代之的是好感。

消解他人的嫉妒是美国总统林肯的一个策略。有位参议员很嫉妒林肯，经常对他无理谩骂。林肯想了好多办法与之和解，都没能成功。有一天，林肯对这位参议员说："我很想看你的一本书。"参议员很高兴地把书借给了林肯，从此，再也没有骂过林肯。这位参议员本来把林肯当作假想敌，但是因为林肯让他把那本书借给自己看，让他帮自己一个小忙，这位参议员的优越感被激发出来了，嫉妒心随之消散了。

总的来说，嫉妒本身有一定的进化价值。这也是我为什么说嫉妒并不都是祸害，它是一种保护机制，让我们打起精神来重新夺回我们的爱，或者通过努力超过我们嫉妒的人。

问自己

1. 你嫉妒过别人吗？列出三种你通常会嫉妒别人的场景，想想如何缓解。

2. 列出三个你会被人嫉妒的理由，并制定预防策略。

了解更多
的心理学
研究

雅克·拉康强调语言、象征秩序和"大他者"在个体心理发展中的作用。拉康提出的"镜像阶段"（Mirror Stage）概念可以用来解释嫉妒的心理根源。在镜像阶段，婴儿首次在镜子中认识到自己的倒影，从而形成了"我"的早期概念。这个过程不仅标志着自我意识的萌芽，也揭示了个体与外部世界的分离和他者的识别。嫉妒因此与对他者的欲望和缺失的认同有关，是一种源于象征缺失和对完整性的追求的情绪。

↓

# 第11章

# 羞怯：为什么害羞的人
# 更容易成功？

↓

美国的《人格与社会心理学》杂志刊登了一项研究：相较于普通人，容易害羞的人更可靠、更慷慨，对伴侣和朋友也更忠诚。

# 羞恶之心，义之端也

德国著名现象学哲学家马克斯·塞勒在《害羞及羞感》的论文中指出，羞涩是"爱的良心"，是人性中最高尚和最有价值力量的内在感情。

当代著名心理学大师菲利普·津巴多（Philip George Zimbardo）从1972年开始研究害羞，他的研究小组发现，在人类所有族群中，害羞的情绪体验在亚裔美国人中尤为普遍，这一现象也从其他跨文化调查中得到了证实，他们研究了很多国家的人，发现中国人和日本人尤其害羞（有一项研究，认为60%的中国人和日本人认为自己常有害羞的经历）。他们认为其原因可能是，在东方社会文化中，害羞往往被当作一种美德，如晚辈对长辈尊敬、谦逊和低调的举止，体现的是人们愿意成为团体中的一员的倾向性，而不是与众不同的倾向性，所以容易被东方社会赞许。

害羞确实是东方社会文化的一个特点，我们中国人以害羞为美，含蓄、内敛、克制、羞涩一直是中国传统文化中谦谦君子的形象特征，女子则更是以羞涩、内敛、贤淑为美。根据很多学者的分析和判断，害羞这样的情绪体验，可能还真不是一种在美国文化中经常出现的情绪体验。

孟子提出：羞恶之心，义之端也。就是说当一个人懂得不好意思，懂得害羞，就是施行仁义的开始。一个羞涩的人，不会随地吐痰，不会乱扔垃圾，不会随意违反交通规则，因为他们在意别人的感受和看法。

# 害羞是一种示弱

害羞也容易被解释成一种示弱行为。我曾经的同事，美国加州大学伯克利分校的卡特勒教授发现、相比较而言，容易脸红的男性更容易讨人喜欢，特别能引起女性的喜爱；害羞的女性也容易让人怜爱。起始于15世纪的黑奴贸易是人类历史上四大至暗时刻之一，学者在研究这段历史时，意外发现犹太商人记录黑奴交易的账本信息显示，那些害羞、脸红、不好意思的黑奴价格明显高于其他的奴隶。就这个意义而言，"最是那一低头的温柔"富有美感是有科学道理的，其核心就是害羞显得柔弱，能唤起人们的怜爱之心，因为人类本能地不喜欢太强势的人，出其不意的示弱一样能打动人心。

孔子的学生遍布天下，他最喜欢害羞的颜回，但并不是因为颜回害羞才喜欢他，而是因为颜回羞涩内敛的性格，显得他特别虚心、刻苦努力，又安贫乐道。

调查显示，常害羞的人其实更容易成为各个行业中的佼佼者。这究竟是为什么呢？斯坦福大学的心理学教授泰勒研究发现，容易害羞的人对社交有一种恐惧感，他们自然而然地喜欢脱离大众，或者自身缺乏社会存在感。但是，这些所谓的缺点其实也是一种优势，比如他们比其他人更容易投入自己感兴趣的事情，更加坚定自己的选择，更不容易被外界干扰。

我们还发现，爱害羞的人更有同理心。对于热情开朗的人而言，关注的内容容易聚集在自我的身上，而爱害羞的人容易顾及他人的感受。所以开朗的人有着更强的表现欲，习惯以自我为中心，而羞涩的人更加兼顾整体和大局。

# 羞涩的"内心戏"

　　尽管害羞有很多好处，但是，津巴多教授的实验表明，大多数的受访者希望自己不要害羞，或者没那么害羞。

　　爱害羞的人会压抑自己的想法、感觉和行为以维护面子。只有在自己的精神世界里，爱害羞的人才会做真正的自己。在公众面前，爱害羞的人可能看上去十分镇定，但他们的内心世界就像一条复杂的高速公路，而且这条公路上拥挤、混乱，到处充斥着感情碰撞和被压抑的欲望。

　　稍微的害羞可能会使人显得可爱，如果害羞的程度过高，人就会产生羞怯情绪。羞涩是羞怯的表现，羞怯是羞涩中带有恐惧的情绪。羞怯情绪的产生往往是因为对自己缺乏信心，有自卑的感觉。羞怯者能感到明显的生理症状，如心跳加速、脸红、思维混乱、语无伦次、举止失常等。紧张是羞怯的主要反应，而脸红是最常见的外部表现。当遇到权威人士或身居要职者、心中暗恋的异性，或处于大庭广众之下时，羞怯更易发生。从心理感受上讲，羞怯者强烈感到做错了事或者有什么不得体的地方，被别人看在眼里。他们觉得别人都知道在某种场合如何应付，如何听懂别人的话，只有自己不知所措，不知道如何理解这个情境，好像连别人说话都听不懂了，只想赶快逃离这里。

害羞的情绪体验容易让人产生社交障碍。一方面，他们想要与他人亲近，想要与小伙伴们共处，但是，另一方面，他们害怕被拒绝或批评，只好刻意地回避想要亲近的人和想要参与的场合。这就让他们一直处在矛盾之中，郁郁寡欢。也因为不能正常社交而感到孤独。这些负面的情绪久而久之会带来更严重的问题，比如抑郁、焦虑。研究显示，羞怯会让人们陷入社交失败的恶性循环。他们因为害怕外界不好的评价而回避社交，一开始可能会觉得松了一口气。但是如此反复，会让他们陷入羞愧和自责当中。如果不能很好地处理，这些情绪会演变成对他人的愤怒和责备，比如认为他人不够体贴周到，进而更加回避他人。如此一来，就陷入了恶性循环，情绪和社交问题都会逐渐加重。

除了过于关注自己情绪，羞怯的人还会有丰富的"内心戏"。他们往往会对自己相当严格，经常质疑、批评自己。有时因为一个小小的失误，他们会在内心数落自己好几遍。比如，同事和自己打招呼的时候自己没好意思回应，事后就会在内心不断数落自己："我为什么不能很自然地打个招呼？同事肯定会认为我特别没有礼貌，我太没用了，所有的人都会烦我，不喜欢我……"

下一次，当内心的声音又开始批评自己的时候，可以试着为自己辩护，告诉自己："一次小失误并不是什么大事，我依旧是一个有价值的、值得被大家喜爱的人。

　　羞怯带来的这些不便，会让羞怯者觉得羞怯是一个很消极的、令人尴尬的特质，应该尽可能掩藏起来。加利福尼亚大学心理学家索尼娅·柳博米尔斯基做过一项前所未有的研究，她发现如果让一个十分内向害羞的人去假装外向开朗，一周就会带来情绪衰竭的感觉。所以，掩藏问题往往适得其反。承认自己是一个羞怯的人，并尝试理解自己的一些羞怯的行为，可以帮助我们减少对自己的批评和不自信。

# 努力决定命运

　　害羞是一种情绪体验，但很多人经常把它视为性格上的问题，比如认为害羞是内向造成的。很多人太容易被这样的标签禁锢，错误地认为"羞怯"无法改变，因为它是由天生的性格决定的。其实，我作为一个积极心理学家持相反观点，我认为人是可以成长的，性格是可以被塑造的，情绪管理是可以做到的。对于推销员、人力资源经理、演员，还有老师等这类常与人打交道的职业，普遍被认为是外向的人才能胜任，实际上，很多从业者是内向的人。为什么能胜任？这是因为职业训练的作用。因此，我认为性格并不能决定你的命运，你的学习、你的成长才是决定你命运的因素，换句话说就是，努力决定命运。

　　例如，我认为自己是个内向、羞涩的人，我喜欢一个人看书，喜欢独处，但是，我的职业要求我必须见很多的人，做很多的事，说很多的话，不能让自己被害羞困扰。但长期的职业训练让我看起来游刃有余，不是我在掩饰自己的羞涩，而是我已经习惯成自然，已经能避免自己在工作中感受到害羞的情绪体验了。这就是我常讲的环境塑造人。

　　以前的心理学太强调性格决定命运，事实并非如此，各种性格的人都可以成功。成功的秘诀就是要靠自己的努力，去改变自己，最优秀的人一定是能够改变自己的人。克服羞怯，消除羞怯带来的负面影响，拿出勇气去积极改变，比一味寻求改变的具体方法可能更有意义。

**问自己**

1. 羞怯和年龄有关吗？观察身边有羞怯特质的人，并进行分析。

2. 审视一下自己的性格，什么情况下会出现羞怯的状态？你认为是否有必要克服羞怯？

**了解更多的心理学研究**

津巴多教授在其著作《不再害羞》中指出了害羞的普遍性，而从来都不害羞的人只有1%。他还揭示了害羞的时代变化：过去的害羞是不知道怎么社交，现在害羞是不想或不愿意社交。曾经的害羞意味着一个人不太知道如何与人交流而表现出一种胆怯感。而随着时代的发展，害羞愈加向不愿意与人交流的主观态度与价值取向方面演化。电子产品的出现，似乎成为人们不与他人交流的最好借口。也正因如此，很多人开始变得羞怯，变得孤独，变得冷漠，也变得更加退缩。他们无法克服内在的羞怯感，学会了隐藏在人群中观望他人，他们的存在感追求不再是人前高光，而是背后躲藏。这是现代化的一个陷阱，也是现代人一个不得不需要认真面对与解决的心理遮蔽。

第12章

悲伤：如何表达悲伤？

有位读者的母亲去世时，丧葬期间他没流过一次泪，心中也没有多么悲伤的情绪。

他很困惑，怀疑自己骨子里是不是个冷血的人。于是，他上微博发帖说了这个事。没想到，引起了很多网友的共鸣，确实有很多人在至亲离世时，不哭也不悲。

这其实是将悲伤隐藏了。心理学家把悲伤定义为一种情绪上的苦痛。造成悲伤的原因多种多样，最常见的就是失去我们重视的人或物，如被朋友或爱人拒绝、生离死别或事情没有达到预期。所谓"人生不如意事十有八九"，说的就是人类的这种普遍状况。一个人处在悲伤的状态时，他的肢体通常是低垂向下的，也就是"垂头丧气"的样子，同时，眼睛的瞳孔缩小，越悲伤的人瞳孔变得越小。还有，声音变得低沉、缓慢。整个人都没有了生机和力量。

# 度过悲伤五阶段

20世纪全球百大思想家之一、美国心理学家伊丽莎白·库伯勒·罗斯（Elisabeth Kübler Ross）将悲伤分为5个阶段：否认、愤怒、祈求、抑郁、接受。这5个阶段不一定按特定顺序发生，我们也不一定会经历所有阶段，但是她认为我们至少会经历其中两个阶段。

在第一个阶段，因为无法接受甚至意识到失去，人们会逃避事实，假装那个人还在，拒绝悲伤。悲伤的人拒绝相信或拒绝承认已经发生的事实；他们试图告诉自己，生活和以前一样，没有改变。他们甚至通过重演一些过去和爱人一起进行的仪式来使自己确信生活没有变化，例如，给已经不在的人倒一杯茶，脑海中不断闪现过去的对话或时光，仿佛他们不曾离开。现实残酷得让他们难以承受，为了让日子过下去，他们选择了回避。

中国人常说的"大悲无泪"就是如此。在中国文化里，葬礼上大哭，已经成为生者对死者尊敬的最低标准。而如果有人在自己父母葬礼上，没有一滴眼泪，就会被认为是不孝顺。心理研究发现，一个人没有表现出悲伤情绪，人们并不能说明他对死者不敬。实际上，这是一种心理自我防御机制，在最痛苦的时候，机体会自动开启一种保护机制，把这种极端痛苦的情绪隐藏起来，以免人们因承担不了这种痛苦而崩溃。

在第二阶段，悲伤的愤怒阶段，现实的痛苦会慢慢浮现。人们可能会觉得命运不公平，也可能会对他人感到愤怒，指责他人狠心离开自己，甚至对自己感到愤怒，恨自己无能为力。

第三阶段，愤怒过后，人们想努力挽救，希望一切如旧。人们会想：如果能回到从前，该有多好。通常人们会希望通过"讨价还价"来改变已经发生的事实。例如，如果当初我多关心关心她，她就不会走了。人们在内心产生诸如此类的希望，想以此来挽回离去的爱人，回到悲剧发生以前，让自己免于悲伤。

悲伤的第四个阶段，是最难的一关，严重的甚至可能想自杀。人们知道做什么都无力回天了，痛苦会加倍地袭来，再也没有任何理由逃避，会变得非常脆弱、消沉，甚至失控、自暴自弃，就像所有的希望、憧憬全部毁灭了。

到了最后一个阶段，人们终于接受了失去这个事实，学会放下，重新开始生活。

每个人的经历不一样，我们不要轻易批评或指责一个人面对悲伤的方式。我们了解这5个阶段，只是帮助我们了解自己目前经历的处境，以便更好地帮助自己或亲友应对悲伤。

# 悲伤和抑郁的区别

　　谈到悲伤时，人们很容易把它和抑郁搞混淆。悲伤和抑郁有一些相似，比如都会情绪低落，对人和事缺乏兴趣，反应迟钝，意志消沉。但抑郁和悲伤又有很大的不同。一般来讲，悲伤是有原因的，人在悲伤时，知道造成悲伤的原因是什么，但人在抑郁的时候是不知道自己为什么抑郁的。悲伤中的人对未来有希望，甚至会想办法令自己摆脱悲伤的困扰，但抑郁的人往往是绝望的，走不出心理的黑暗。悲伤中含有正面的回忆，例如，亲人去世，你感到很悲伤，但回忆往昔，浮现在脑海中的还是那些甜蜜的、愉悦的往事。而抑郁会持续很长时间，是一种恒定的、不愉快的体验，没有悲伤那种波浪式的情绪起伏。总体来讲，抑郁是比悲伤更复杂的情绪反应。

# 悲伤的积极情绪价值

　　尽管悲伤是一种人们通常希望回避的消极情绪，但根据斯坦福大学心理学家珍妮·蔡（Jenny Tsai）提出的情绪价值理论，我们有理由相信悲伤也具有很多积极的情绪价值，人应该允许自己有的时候感到悲伤。

　　相比较而言，心情不好的人更不易出现判断错误，更容易提出高质量的、有说服力的看法。澳大利亚研究人员发现，负面情绪可以改善判断力，提高记忆力，使人们更不易上当。澳大利亚新南威尔士大学的一个研究小组进行了数次实验，先通过看电影以及回忆高兴或悲伤的事情将积极的或悲伤的情绪带给他们的研究对象。在其中一次实验中，他们要求高兴的、带有负面情绪的和悲伤的参与者判断流言的真实性。研究结果显示，相较于高兴的人，带有负面情绪的人更不容易相信这些说法，悲伤的人更善于陈述自己的情况，这说明温和的负面情绪实际上可能会带来更随和、更成功的交流方式。研究人员说，悲伤的人比高兴的人更关注他们周边的人和事。

　　以色列特拉维夫大学进化生物学家厄伦·哈桑通过研究认为：人们落泪，其实是向他人宣布自己降低防卫水平。这一研究成果发表在《进化心理学》月刊上。哈桑认为，泪眼蒙眬可以阻碍他人针对自己的攻击行为。他说，人落泪可以表现出自己的脆弱，而这种脆弱往往令人信任，可以成为拉近自己与他人距离的情感战略。

从哈桑教授的研究成果我们可以看出，人们容易对悲伤流泪的人展示自己最柔软的一面，也会向这个人表现出自己的同情心。也就是说，一个哭泣的人更容易让人亲近。想象一下，如果一个异性在你面前悲伤哭泣，那么你会忍不住释放自己柔软的一面，甚至忍不住想要轻声安慰对方；对于男人来说，这种心理是典型的个人英雄主义；而对于女人来说，男人的哭泣容易激励她们展现母性的光辉。因此，悲伤其实也是一种社会沟通的信号，能帮助我们获得更多的同情、关怀和帮助。

所以，适当表示悲伤可以获得别人的帮助，产生亲近的感受，但过度的伤心可能会使人抑郁。因此，悲伤的情绪需要调节和控制。人长期处于悲伤状态会给身心造成创伤，其中一个可能的后果就是抑郁症。那么，要怎样做才能减少悲伤呢？请看下文。

# 伤感音乐的治愈作用

悲伤时听听伤感的音乐，在很大程度上，会给人带来快乐的情绪。

2014年出版的网络科学杂志"*PLoS One*"发表了塔鲁夫（Taruffi）和凯尔奇（Koelsch）所写的一篇很有趣的文章，题目是《伤感音乐的矛盾效应：一篇网络调查研究》（*The paradox of music-evoked sadness: an online survey*）。

这两位学者试图破解伤感音乐的悖论，目的是想看一看，为什么还是有那么多的人喜欢伤感音乐？他们做了一个网络调查，询问了772个参与者，主要是想了解他们对伤感音乐的体会。这些参与者来自不同的文化背景、不同的年龄、不同的社会阶层。

他们根据参与者的反应，总结出来76条体验，然后，再根据这些体验编制了一个调查量表，让参与者在一个没有任何音乐的环境里，安静地填写这个量表。结果发现，在听伤感音乐的时候最频繁出现的不是忧郁和悲伤的情绪，而是怀旧的情绪。

换句话说，人们通常以为伤感音乐激发的一定是伤感的情绪。但很多时候，伤感音乐激发的是人们的情感回忆，最鲜明的是怀旧的情绪。因此，伤感音乐能触发人们的同理心、同情心，以及关心他人和理解他人的社会心理。

以前，很多人认为伤感音乐的主要作用是让人意识到自己不是世界上唯一的伤心人。因为音乐是一种社会交往的工具，让人可以分担其他人同时感到的痛苦。这就是为什么艾尔顿·约翰（Elton John）的《风中的蜡烛》在全世界广为传播，因为它是在戴安娜王妃去世之后发表的，能够让全世界很多戴安娜的粉丝共同分担这份痛苦，而不是一个人独自承受那份伤痛。

但这个研究基本否定了以前伤感音乐的心理效应，并且该研究也发现，伤感音乐激发的情绪反应，实际上是非常复杂的，受到了同情心和同理心的影响。从某种意义上讲，伤感音乐也会有一些正面、积极的作用，就是能够对我们的负面情绪起到一种调节和安慰的作用。这些正面的情绪反应，可能就是伤感音乐受到很多人喜欢的原因，让我们对自己曾经的情绪记忆产生一种积极体验。

当然，这个研究还有很多不清楚的地方，毕竟只是一个网络研究，很多结论也只是相关性的研究结果，没有实验控制和操纵，很难得出明确的结论。

而且，从某种意义上讲，对伤感音乐的反应可能还有很大的个体差异。如文章中提到对于情绪不稳定的人来讲，伤感音乐反而可能会起到更好的情绪调节作用，缓和他们经常能体会到的一些负面情绪。因此，对于生活感到快乐的人，我建议多听一些欢快的音乐；但时运不济、人生坎坷的人似乎听一些伤感的音乐，反而可能起到一些正向的调节作用。

**问自己**

1. 生活中你会因为什么原因产生悲伤情绪？你是如何走出悲伤情绪的？

2. 回想一下身边安慰或者帮助悲伤者的例子，哪些安慰或帮助是有效的，又有哪些是无效甚至帮倒忙的？

**了解更多的心理学研究**

当人们沉浸于悲伤和忧愁中，头脑中萦绕的痛苦念头挥之不去时，这种现象在心理学中被称为"反刍思维"（rumination）。反刍思维是一种对负性情绪本身及其可能原因和后果的反复思考。这是一种比喻形式的命名，反刍是牛羊等食草动物的一种习性，它们会把在胃中半消化的食物再退回口中咀嚼。当人沉浸在负面想法中无法自拔时，就像反刍动物一样把早已消化的念头不断地拿回来反复考量。如果经常把消极的想法和情绪"反刍"到大脑里，反复进行消极思考，就会大量消耗我们的心理资源，导致焦虑、烦躁、失眠等问题。

生活中的情绪心理学

↓

# 第13章

# 社恐：完美主义在作祟

↓

多伦多大学心理学教授乔丹·彼得森（Jordan Peterson）在《人生12法则》（*12 rules for life*）中，曾经用很简单的语言描述过社交恐惧：参加派对时，如果你感觉心跳加速，像是有只怪兽在你身边，这说明你有一定程度的社交恐惧。有一位大学生曾经这样描述自己的症状："在学校的时候，我老害怕老师让我发言回答问题，即使我知道答案。我怕别人以为我傻，或者无趣。我心跳加快，头晕，恶心。工作后，我害怕见领导，也不敢发言，甚至不敢参加好朋友的婚礼，因为害怕见到陌生人。"

# 恐人症

日本的心理学家将社恐称为恐人症。这类人一般表现为在他人面前不敢说话，神情紧张、不自然，脸红，心跳加快，不敢与人对视，自己明知这样做没有必要，却不能自控，内心极为痛苦。有调查发现，相比于集体行动，65%的日本人更喜欢一个人待着。于是，日本社会出现了越来越多的单人设施，据调查，7%的人曾经躲在厕所独自吃饭，年轻人中也逐步形成"蛰居族""御宅族"。

积极心理学中的社交恐惧是一个很广泛的定义，有不同的层次水平，也有不同的表现形式——从一般的社交回避，到社交羞怯、社交焦虑，甚至内心感到恐惧。

社交恐惧的表现形式，取决于回避社会接触的程度。第一种，社交回避，就是尽量不和别人发生接触，逃避社会接触；第二种，社交羞怯，即与别人在一起的时候感到局促不安，心里不舒服；第三种，社交焦虑，甚至内心感到恐惧，这是真正的社交恐惧。真正的社交恐惧是心理疾病，是第三大最常被诊断出的精神健康障碍，仅次于抑郁症及酒精成瘾，社交恐惧症的症状表现列举如下。

- 和陌生人接触时，感到手足无措，面红耳赤，出汗，发抖，心跳加快，大脑变得一片空白，甚至恶心，肚子痛。

- 当众讲话时，身体僵硬，避免眼神接触，说话断断续续，语不成句。

- 时常对人群感到厌烦，担心别人会评价自己。

- 渴望终日躲在自己的房间里，避免与他人接触。

需要注意的是，社交恐惧和我们心理学讲的羞怯虽然有很多相似的地方，但不完全一样，羞怯的极端就是社交恐惧，社交恐惧在某种程度上是羞怯不断强化的结果。

# 社交回避

　　我们通常说的社交恐惧是一般性的社交回避。有时候，我在街上看见一个熟人，内心觉得和他没什么要谈的，我宁愿慢走几步，避免和他碰面，我认为这是互相尊重，彼此保持距离。此情此景经常出现在我们的生活中，相信很多人都有类似的体验。如，等电梯时，如果遇到领导，你宁可多等一会儿，等下一趟电梯，也不愿意和他一起进入电梯。

　　这并不是真正的社交恐惧，只是社交回避的一个借口，不是所有的社交回避都是社交恐惧，这是一种理智的回避。这类人心中不恐惧，只是不想浪费时间在无谓的社交上。所以说，社交回避的行为，不一定是消极的行为，这种行为有时候只是羞涩的一种表现，是一种有意义的自我保护和示弱，或者是为了让自己有更多的时间做更有意义的事情，避免无效社交。

# "宅"不是社恐

　　有一种行为常常被人们误解为社交恐惧。这样的人一般都比较宅，我们称之为宅男、宅女，他们不愿意见人，也不愿意参加聚会，更加不愿意发言、讲话等。这类行为的原因，可能是习惯独处，或者是没有活力，没有见人的欲望。如果你把他带出去见人，他并不需要克服种种困难就可以与他人建立友谊，其实不存在社交障碍。这种"宅"只是低欲望造成的，或者说在另外一个地方找到了高欲望。

# 社交恐惧症成因

　　对于心理疾病范畴的社交恐惧成因，心理学界有各种各样的解释。有人说这是神经性的疾病，也有人说这是身心系统的一种反应，是压力激素过强、无法控制自己的一种体现，还有人认为这是由于社交技能缺失造成自卑以及自信心的下降，比如说被人羞辱过，或者在一个社交场合曾经丢脸过，从而产生了一种心理障碍。其主要症状是害怕在小团体中被人审视，一旦发现别人注意自己，就觉得不自然，不敢抬头，不敢与人对视，甚至觉得无地自容，不敢在公共场合演讲，集会时不敢坐在前面，刻意回避社交，在极端情形下会导致社会隔离。

　　社交恐惧对人的影响是多方面的，不仅会引发人们情绪和行为上的变化，还会影响一个人的感知、思维及对未来的看法。心理学研究发现，那些长期躲避社交的人，他们大脑中分泌的神经递质会有所改变。这就导致他们变得敏感多疑。人长期压抑自己的情绪，就会越来越胆小，也会越来越暴躁。

# 认识社恐性抑郁

　　社交恐惧的人在生活中很难感受到快乐，幸福感很低。长期发展下去很容易变得抑郁，甚至会出现一些心理疾病。

　　在权威学术期刊《自然–神经科学》（*Nature Neuroscience*）2020年公开的一项研究中，麻省理工学院的利维娅·托莫娃（Livia Tomova）博士和同事们通过设计精巧的实验和脑部成像技术研究表明：当人们长时间没有与其他人进行社交时，会在大脑中引起跟饥渴非常相似的反应，即焦虑、不安、恐慌，以及对有效的社交线索的渴求。久而久之，可能会导致多巴胺能神经元减少，从而导致更难自主地产生多巴胺，更需要依赖于外在的刺激和反馈，比如游戏、综艺、影视剧、信息流，甚至是各种能够短期刺激多巴胺的娱乐。

　　无独有偶，麻省理工学院社会学教授雪莉·特尔克（Sherry Turkle）在《群体性孤独》中认为，数字化技术为人们提供了陪伴，但不幸的是，这仅仅是一种虚幻的陪伴，人沉浸越久，在现实中越找不到亲密感。

# 聚光灯效应

社会心理学家认为社交恐惧的核心成因是高标准，也就是追求完美。社交恐惧的人总是担心自己会在他人面前出丑，对社交情境感到极度焦虑，在社交场景中，他们会出现心跳剧烈、口干、出汗、脸红、结巴、颤抖等症状。他们总是想表现得很好，认为这样才是一个"理想的我"该有的样子，不能出错，出错了就会破坏这个形象，就好像有一只聚光灯照在他们头上，所有的眼睛都在盯着他们。毫无疑问，社交恐惧的人高估了别人对他们的关注程度，这就是"聚光灯效应"。

1999年，康奈尔大学心理学教授汤姆·吉洛维奇（Thomas Gilovich）和美国心理学家肯尼斯·萨维斯基（Kenneth Savitsky）、维多利亚·麦维琪发现，人有一种误解，总觉得自己是万众瞩目的焦点，别人一定会关注自己的一举一动，包括自己说的话、自己做的事情等等。他们通过实验证实了这种聚光灯效应的存在。他们让康奈尔大学的一些学生穿上印有过气歌手巴瑞·马尼洛头像的T恤，走进还有着其他学生的教室。然后问这些学生："你们觉得刚才大家都注意到你们了没有？"学生们回答："肯定注意到了，这件衣服这么难看，别人都注意到了。"还有的学生说："至少一半的同学会注意到这件令人尴尬的T恤。"实验结果是实际上只有23%的人注意到了。

我经常给企业家上课。我在课堂上做过一个实验：第一节课我戴了一副眼镜，讲了90分钟；第二节课，我换了一副眼镜，讲了90分钟。课程快结束时，我问他们："两节课，我的眼镜换了没有？"绝大多数企业家说："没注意。"

明明盯着我的眼睛，听我讲了三个小时的课，却没注意到我换了眼镜，为什么？因为他们不关注我戴什么眼镜，他们关注的是我讲的内容对他们来说有没有意义和价值，有没有触动到他们。

了解了聚光灯效应，对缓解社交恐惧也许会起到积极的作用，因为我们会高估由于自己社交失误所带来的影响，认为那些出丑的瞬间会永远定格在其他人的心中，给对方留下不可磨灭的印象，其实这只是徒增烦恼。

# 挑战社交恐惧，创建幸福

我们如何才能在社交中游刃有余，沉浸于社交带来的幸福感呢？

你可以尝试学会用冥想、气功的方法。先吸口凉气，接着做深呼吸，将手放于胸口，这些简单的方法能控制即时、强烈的社交恐惧发作。

长期来看，学会建立良好的社会关系，也可以缓解成摆脱社交恐惧。社会心理学家坚信，根据这么多年科学研究的结论，我们和其他人的关系其实都比我们想象的更加紧密；而我们寻找和建立社会关系的可能性，也比我们想象的更加有效。社会心理学长达60多年的研究已经发现了一些特别重要的社交技巧、社交原则。

比如一定要接近对方，接触对方，增加彼此的相似性。"不是一家人不进一家门"的俗语其实还是有一定的科学道理的，因为我们喜欢那些和我们相似的人。无论是价值观念，还是幽默的风格，或为人处世的技巧，甚至外貌，都是越相似越好。一定要经常和别人在一起，让对方熟悉你，增加你的曝光度，让自己变得对别人有意义、有价值。

问自己

1. 列出两个你曾经因为社恐而影响了职业发展或者人际关系的实例，并分析一下。

2. 当你陷入社恐时，你希望得到什么样的帮助？你会以什么方式接纳身边的社恐？

了解更多
的心理学
研究

　　经过了多年研究，社交恐惧症的发病机制仍未阐明，常见的治疗有认知行为疗法、脱敏疗法、暴露疗法、药物干预治疗等。一些相关机构也在探索正念在社交恐惧、发言恐惧等方面的整合应用。情绪行为疗法创始人艾利斯曾经做了一个实验，疗愈了自己的社恐。他计划用8个月的时间到公园里找100名陌生的女性聊天，不管这样做会让自己产生怎样的不适感，不管对方高矮胖瘦，不涉及对方的隐私话题，不评论对方的容貌。结果，只过了三个月时间，他已经完成了和100名女性交谈的计划，与此同时，他疗愈了自己的社恐，从那以后跟任何人打交道的时候，他都能够做到游刃有余，不被对方的情绪左右，不被他人的意识所牵制。

# 第2篇

# 积极情绪篇
## ——以积极情绪创建幸福生活

↓

第14章

希望：没有希望治不了的
心病

↓

1991年，著名心理学家查尔斯·斯奈德（Charles Snyder）提出了希望感理论。他这样定义"希望"：希望是个体追求目标时拥有的精神能量和路径能量的总和。

　　根据斯奈德教授的说法，意志力（will power）是精神能量，是推动个体实现目标的情绪驱力，而路径能量（way power）则代表着实现目标的思维计划的概念模型。在这一简单的描述中，希望被认为是一种积极而坚定的选择，不是被动的，也不是静态的。

# 希望感产生积极的效应

希望感理论认为，希望感并不是一种心灵鸡汤或者让我们愉快的感觉，而是一种动态的认知动机系统（dynamic cognitive motivational system）。希望感能够驱使我们不断进步并得到提升。现实生活中，当我们对一件事情怀有热切期望的时候，通常会产生积极的效应，这就是罗森塔尔效应，又称皮格马利翁效应或希望效应。

1968年，哈佛大学心理学教授罗森塔尔（Robert Rosenthal）在美国一所普通的小学里，开始了他后来享誉全球的实验。他对小学校长和老师一开始并没有实言相告，只是说要组织小学生进行智力测试，进行小学生智力方面的研究。

测试完成后，罗森塔尔教授在18个班里随机抽取了部分学生，并把随机抽取的学生名单交给任课教师，然后郑重地告诉这些老师："经过测试我们发现，名单里的学生是最有发展潜能的学生。"

一个学期后，罗森塔尔教授回到这所小学，惊喜地发现，名单上的学生不但在学习成绩和智力表现上进步明显，在其他很多方面也都有了明显的进步！

罗森塔尔教授的智力测试，让老师深信不疑地认为，名单上的学生就是出类拔萃的学生。从而在日后的教学中，老师在无意间会对这些学生抱有和其他学生不同的期望。而这些期望，伴随着老师说话的语气、提问和肢体语言等，都传达给了学生。这些学生接收了老师渗透在教育教学过程中的积极信息之后，会按照老师心中希望的方向和水平来重新塑造自我形象，从而产生了神奇的希望效应。

从希望效应中我们可以获得启示，我们对他人的期望会影响他人的行为。作为家长，如果对孩子多一些认可，将注意力集中于孩子的优势上，内心真正认可孩子，你或许会惊喜地发现，他在向着你所希望的方向发展。

罗森塔尔效应向世人表明，别人对我们的期待会影响我们的行为，我们对自己的希望也会带来积极的作用。有心理学家进行了一次非常广泛的调查研究，他们要求被试者回答题为"你的希望有哪些？"的调查问卷。对问卷分析后得出的结果表明，不论希望大小，抱有希望的种类愈多的人，往往充满自信且关注生活的乐趣，神采奕奕，精力充沛。而另外那些没有显著的希望或者有较少希望的人则一般表现得比较淡漠、悲观、消极。有个富豪在答卷上只写了一句话："我没有任何希望，除了长生不老之外，我所有的希望都已经被满足了。"通过调查得知，这位富豪患有非常严重的抑郁症。心理学家和他进行了沟通，规劝他从事一些具体的活动，还列出分阶段执行的计划表，比如对外孙的培育、对某个足球队的支持等。经过坚持不懈的指导和各种各样、连续不断的希望的滋养，这位富豪在精神上和从前判若两人，他的心病也随之消失了。

那些没有希望感的人，通常在生活中经历的是一种目标失控感，往往想走捷径，不愿意冒险，不愿意接受挑战和成长的机会。他们在失败之后通常会选择放弃原先的目标，并且经常伴随一些习得性无助感，即他们对自己的生活环境缺乏主动控制的能力，也不相信自己有这样的能力。

# 希望感会提升学习成绩

通过研究，斯奈德教授发现，希望与积极的人生收获有很大的关系。他做了一个研究，专门分析了希望感与学生6个月后的学习成绩之间的关系，发现希望感与较好的学习成绩密切相关——希望感强的孩子未来的学业成绩要好一些，而且获得的学位也要高一些。

此外，心理学家利兹·黛（Liz Day）和她的同事还发现，希望感强的人，不只是学业成绩要好一些，智商也要高一些，他们产生不同想法的发散性思维要强一些，也相当负责任，而且对每个主意都有很细致的分析。希望感和发散性思维之间的关系很容易理解，因为优秀的发散性思维就是要在单位时间内能够想到很多不同的观点、想法和方法。另外，希望感也包括对于自己想做的事情能够想到很多解决问题的方法。

# 希望感让人更健康

　　希望感与乐观有所不同。乐观代表的是一种相信一切都会很好的一般的希望。因此，乐观虽然表示对未来结果有积极的心态，但没有考虑到个人对结果的控制作用，也没有考虑到强烈的主动性。凯文·兰登（Kevin Rand）就发现，希望感其实比乐观可以更好地预测学生的学业成绩，甚至希望感水平比学生的法学院入学考试（LSAT）更能很好地预测其在法学院的学习成果。

　　另外，希望感和较好的适应水平也存在正相关。研究发现：有较高希望感水平的人，记得更多的是正面的评论和发生在自己身上的正面事件；而那些希望感水平比较低的人，记得更多的是负面的评论和负面的事件。因此，那些希望感高的人，通常有比较高的自尊水平，希望感也让他们对目标充满激情，而不是充满恐惧，一个对生活有希望的人，即使环境再艰难，他也会发挥同环境抗衡的作用，在改造环境中改善自己的生存条件，提高自己的地位。

最后，高希望感水平与一个人的健康密切相关。希望感水平高的人通常对痛苦有较高的容忍度。对于一些脊髓受伤的病人或者烧伤的青少年，较强的希望感使他们对病情有较好的适应性，较少抑郁，而且康复得比较快，同时与照料者的互动非常积极。癌症病人如果希望感强，更愿意去寻找解决问题的知识，以保持应对疾病的正确态度。

# 如何建立希望感？

希望的力量不可低估，它能改进自我形象，能不断给人以力量。所有积极心理学的希望感研究表明：我们要培养一种对未来的希望感；希望感会让我们有行动的动机，更让我们有行动的方法。

那么，如何培养我们的希望感呢？斯奈德教授其实已经给了我们一个可以付诸行动的实施方案。

第一步，培养目标导向的思维。目标导向的思维，也就是给自己树立一个明确的目标。比如说"今年我要升职""今年我要考上研究生""今年我要找到一个对象"等。

斯奈德教授建议，最好的目标是那些可以实现同时又不那么容易实现的目标。为此，他提出来一个设定目标的SMART原则，即我们设定的目标应该是：具体的（specific）、可以测量的（measurable）、可以实现的（attainable）、与其他目标相关的（relevant）、有时效的（time-bound）。

第二步，找到成功的方法。我们要相信自己一定能够找到实现目标的路径和方法。越是有创造性的人，越容易觉得自己有希望。

设定目标后，我们不妨经常想一想，能不能找到好几种实现目标的路径和方法？然后，选择一种成功的可能性较大的方法执行。

第三步，积极行动起来。心动不如行动。希望感理论一个很重要的方面，就是强调个人的主动精神。因此，如果我们要实现我们的希望，就一定要主动采取行动。

第四步，做好时间管理。对希望感影响最大的因素通常是时间不够，这也要求我们立即采取行动。

一个好的办法就是能够养成时间管理习惯。习惯形成后，我们就会发现行动起来既省时，又省力，更省我们的心神。长期的目标，尤其需要一种坚持精神。因此，形成习惯就显得特别重要了。

这提醒我们，做一个希望感强的人，应懂得如何正确地管理自己的时间，要给我们认为重要的目标留出更多的时间，而不太重要的目标少留些时间，或者根本就不用考虑了。

1. 康德提过一个著名的问题：我们可以希望什么？你的答案是什么？

2. 在你的生活中，什么情况下期待会产生负面作用？

**了解更多的心理学研究**

希望是因为相信才看见，不是因为看见了才相信。美国心理学家斯奈德认为，希望是一种积极的动机状态，也是一种感知能力，它能够使个体获得通往预期目标的路径，并通过动力思维来激励自己使用这些路径。基于此，研究者们也在继续开发新的干预措施来提高个体的希望水平。

积极心理学家马丁·赛利格曼强调认知解释风格对人们如何处理生活中的挑战和逆境有重要影响。乐观的人倾向于将失败归因于外部、暂时和特定的原因，这种解释风格有助于保持希望和积极的未来展望。乐观主义和希望虽然并不完全相同，但它们密切相关。在《基督山伯爵》故事快结束的时候，基督山伯爵对两个年轻人说：在美好的未来到来之前，人类所有的智慧都包含在这四个字里——"等待"和"希望"！

# 第15章

# 快乐：如何启动产生快乐感的
# 4个神经递质？

美国杜克大学医学院神经学研究中心的本杰明·海登博士曾做过的一项研究表明，在观看漂亮女性的照片时，男性大脑中掌管快乐的区域会变得活跃，也就是说漂亮女性能激活男性大脑中的"快乐区域"。对女性朋友来说，了解了男性天生爱美女的深层次原因，以后老公在街上忍不住回头看美女时，就不必打翻醋坛子了。境随心转，女性朋友适当宽容和理解老公，学习和老公一起欣赏美女的美。当然，这并不是为男性好色找借口，毕竟对伴侣的忠诚是一种美德。欣赏美是一种兴味，但如果行为上没有尺度，就可能会出现其他不美的状况。

# 大脑的快乐中枢

在海登博士的心理实验前后，很多科学家对快乐做过研究。

1954年，美国心理学家詹姆斯·奥尔兹（James Olds）和神经学家彼得·米尔纳（Peter Milner）在加拿大麦吉尔大学工作时，做了一个很有名的实验。他们在老鼠的中脑区域植入一根电极，并将老鼠放在一个装有杠杆的密闭箱子里。实验一中，老鼠每按一次杠杆就会有一串微弱的电流通过电极进入中脑，刺激这个区域的神经细胞。而在第二个实验中，这也是他们的对照实验组，老鼠无论如何按压杠杆也不会有电刺激。

结果显示，实验一中，老鼠按杠杆的速度远远大于对照组中没有电刺激的情况。这说明老鼠偏爱被电击的实验，证明电刺激中脑区会伴随积极、愉悦的体验，使得大脑选择通过按压杠杆来不断获得这种奖赏。后来，奥尔兹和米尔纳还发现其他动物的特定脑区都有类似的结果。因此，他们将这些中脑区域称为脑部的快乐中枢，或者奖励中枢。

20世纪60年代，美国精神病专家罗伯特·希斯（Robert Heath）在他的病人身上做了这个实验，并据此创立了电击疗法。实验中，病人的反应和前文实验一中老鼠一样——病人们止不住地连续电击自己，平均每分钟会电击自己40次。他在实验中发现，接受脑部电刺激的病人均表示感觉良好，并且频繁按动电极控制开关以获得更多的刺激。

然而希斯注意到，切断刺激电流时，病人的愉悦感就会立刻消失。尽管希斯的电击疗法饱受争议，况且这项结果还不能充分证明在人脑中存在"快乐中枢"，但这些发现促使人们对情绪的脑机制进行更加深入的研究。

# 4大快乐激素

近年来，牛津大学的心理学家发现快乐，不是由一个或者几个脑区决定的，也不是由快乐中枢决定的，而是由神经元的联系来决定的。所以，当我们感到快乐的时候，应当是一片神经元的激活。神经元和神经元之间是有一些间隙的，这些间隙如何去弥补起来，联系起来呢？这就需要一些神经递质，英文叫作"neurotransmitters"。这些神经递质使得每个神经元能够产生联系，然后整合，最后产生快乐的心理体验。

人类的快乐密码就藏在大脑的神经递质中。目前，科学家发现，人类大脑中负责产生愉悦感的神经递质主要有4种：多巴胺、内啡肽、催产素和血清素。每种神经递质的触发机制不一样，我们只要简单了解一下它们是怎样工作的，就可以轻松找到激发快乐的方法。

第一种是多巴胺，它能激发欲望。当你有特别强烈的欲望去完成某件事或做出某种行为时，大脑会分泌出大量的多巴胺，驱使你继续追寻欲望，并在这个过程中给你带来快乐。

那怎么做才能激发大脑释放出多巴胺呢？我的建议是，去做那些你觉得特别有激情、有动力的事。比如爱旅游的人可以多参加一些户外团体的活动，因为这类活动会促进多巴胺分泌，从而让人觉得幸福快乐。

第二种会让我们产生愉悦感的神经递质是内啡肽，它是大脑内部可以自行生成的一种类似吗啡的生物化学物质。促使内啡肽分泌的因素是身体的疼痛。当然，疼痛无法给人带来快乐的感觉，但是内啡肽可以。内啡肽可以帮你"隐藏"身体的痛苦，让你坚持完成某个任务或者做出某种行为。如果你经常跑步，那你就一定可以体会到运动给你带来的快感。你在不断地推动自己超越自我极限，坚持多跑一百米后得到的快感就是内啡肽带来的。

做什么样的事情可以促使内啡肽分泌呢？答案是：保持定期的、有规律的运动。喜欢健身的人，定期去健身馆活动筋骨，喜欢钓鱼的人每周末都去钓鱼，大脑里就会生成内啡肽。所以，我们想要快乐，就要多培养自己的爱好，并做好规划，定期执行。

第三种与愉悦感有关的神经递质是催产素，又称为爱的激素。近期科学研究发现，催产素不是女性的专利，男性同样会分泌这种激素。研究指出，催产素能够缓解压力，产生爱的情感，它能够使夫妻关系变得融洽，使父母与子女的关系更加和睦。任何能够增强我们的爱、归属感和信任感的人际互动行为，都会促使大脑分泌催产素，让我们感到快乐幸福，包括温暖的拥抱，富有同理心的对话，温情的陪伴，与他人保持联系，常与支持你的家人、爱人或者朋友们待在一起。特别是每天与爱人的拥抱，可以促使催产素的形成，对抗抑郁症。

第四种神经递质叫血清素。当我们对生活有自主性、掌控感，在人际关系中能感受到对他人的影响力，觉得自己能够控制一些事情时，都会激发大脑中血清素的分泌，让我们产生快乐满足的感觉。

# "快乐会传染"

　　随着生物学研究以及大脑造影技术的进步，多项研究证实：刺激"快乐神经"，我们都可以构建起属于自己的快乐。我们越快乐，我们周围的人也能越快乐，也就是说，快乐是会传染的。

　　荷兰的几位研究者可能为此找到了一些支持证据。他们的研究表明：个体在感到快乐时，身体会产生相应的化学信号；这些化学信号是一种有效沟通媒介，能够让一个与自己无关的人感受到这种快乐，甚至同时也能产生快乐的感觉。

　　荷兰乌得勒支大学的高级研究员甘·瑟敏（Gun Semin）等人在《心理科学》（*Psychological Science*）上发表了一篇文章《快乐的气味》（*A Sniff of Happiness*）。他们设计了一个不同寻常的实验来检验人们在快乐状态下的汗水是否会影响闻到汗味的人的行为、感知和情绪状态。

　　研究人员征募了12名异性恋的白人男性，作为气味提供者，采集他们在不同情绪状态下的汗味。研究人员要求被试者观看一些不同类型的视频片段，有恐怖的、搞笑的，也有中性的，试图诱发他们不同的情绪体验，比如恐惧、快乐、中性情绪。对数据分析后证实，不同性质的视频确实影响了被试者的情绪状态，在观看恐怖视频后的被试者显示出了负面情绪，而观看搞笑视频后的被试者显示出了积极情绪。

在实验的第二阶段，研究人员招募了没有心理障碍、呼吸系统疾病或其他疾病的36名异性恋的白人女性作为气味的接收者。实验者先为被试者佩戴好面部肌电图设备，然后，让她们观看一段用于放松的视频短片，并做了一些内隐测验的练习。接着，让这些女性被试者闻了收集在小瓶子中的男性被试者汗味的吸水垫，最后完成内隐测验。结果显示，在闻了"恐惧"的汗味后，这些女性被试者的皱眉肌出现较大幅度的活动，该区域正好是恐惧表情的特征区域；而在闻了"快乐"的汗味后，女性被试的"真实的微笑"更明显。这意味着，人们既能够闻到"恐惧"，也能够闻到"快乐"。尽管人们无法说出闻到的是什么样的情绪，但他们的面部表情和知觉加工方式却向别人传递出了情绪信号。也就是说，人们虽然嘴上不一定能够恰当表达出来，但身体反应毫不掩饰。

据此，研究者认为，汗味的提供者和接收者之间存在一种"行为同步"。这就表明，人在感到快乐时，身体会产生相应的化学信号，同样会让接收到化学信号的人感受到这种快乐，并产生快乐的感觉。

快乐愉悦的心理体验促使人们不断追求快乐。英国牛津大学赛德商学院的简-伊曼纽尔·德内夫教授领导的研究团队，对英国电信公司联络中心的员工进行了为期6个月的跟踪研究，发现当员工感到快乐时，他们每小时可以打更多的电话，更重要的是，会取得更佳的销售效果，从而提高了工作效率。当员工感到快乐幸福时，其生产力提高了13%。此外，该研究还表明，感到快乐的员工的工作时间并不比觉得不快乐的同事多，他们只是在相同的工作时间内生产力更高。

其他的心理学研究和实验也发现，追求快乐的积极情绪体验，能使人们的收入增加，在学业和事业上表现良好，在面临困难时更有韧性，同时拥有较好的人际关系。

然而，我们在追求快乐时，绝不能将自己的快乐建立在别人的痛苦之上。这种快乐是短暂的，无异于饮鸩止渴，长此以往定会备受煎熬，快乐难以持久。

问自己

1. 你愿意参加蹦极这类运动吗？采访一下身边的极限运动爱好者，记录他们因此获得的快乐。

2. 设计几个聊天话题，目标是下一次约会让恋人开怀大笑。

了解更多的心理学研究

心理学家埃德·迪纳是主观幸福感研究领域的先行者。迪纳定义主观幸福感为一个多维度的概念，主要包含三个核心组成部分：生活满意度

（Life Satisfaction）、正面情感（Positive Affect）、负面情感（Negative Affect）。迪纳的研究表明：追求幸福感不仅仅是个人的责任，还受到社会和政策环境的影响。这些研究有助于推动每个人能够意识到幸福感的重要性，以及推动设计能够提高社区幸福感，工作环境中的幸福感，乃至整个社会幸福感的政策和程序。

↓

# 第16章

# 勇气：如何让自己
# 勇敢些？

↓

勇气在不同文化、不同时代的含义有所不同。孟子在中国思想史上第一次认真讨论了勇的性质、勇的根本及勇的途径，他提出了著名的"大勇""小勇"之说。小勇就是我们常说的匹夫之勇，这是一种血气之怒，动辄争强好胜，得理不饶人，脾气大，冲动等；大勇是义理之勇，是心怀天下的勇气，比如气度大、胸襟广、浩然正气、从善如流等。

　　心学宗师王阳明认为："凡人言语正到快意时，便截然能忍默得；意气正到发扬时，便翕然能收敛得；愤怒嗜欲正到沸腾时，便廓然能消化得。此非天下之大勇不能也。"真正的勇敢，不是胜过他人，而是战胜自己。

　　英国前首相温斯顿·丘吉尔说过一句话："勇气是人类最重要的一种特质，倘若有了勇气，人类其他的特质自然也就具备了。"

# 勇气让人坚定

在心理学家眼中，勇气是人们在面对困难时表现出来的以坚守、进取、突破等为特点的一种积极心理品质。在著名人本主义心理学的创始人卡尔·罗杰斯（Carl Rogers）看来，勇气是选择成长，而不是停留在安全区。美国威斯康星大学的哲学教授丹尼尔·普特曼（Daniel Putman）认为勇气对于重新整合自我是最重要的品质，它可以推动人们自由地追求人生目标。简单来讲，勇气是克服对死亡和痛苦的畏惧，让人直面现实、为所当为的一种情绪力量。普特曼教授把勇气分成三种类型：生理勇气、道义勇气和心理勇气。生理勇气要克服的是对"生理死亡"的恐惧，比如身体的死亡和痛苦；道义勇气要战胜的是对"社会死亡"的恐惧，比如被社会、团体抛弃，在遭受社会非议时，仍坚定地维护基本道义而不畏惧；心理勇气要克服的是对"心理死亡"的恐惧，比如丧失了稳定感、控制感、自我感等，面对他人否定时发表自己的观点，表现出真诚和正直。在生活中，三种勇气是相互交织的。

从2000年开始的三年时间里，心理学家马丁·塞利格曼（Martin E.P. Seligman）和他的团队邀请全世界50多位杰出的心理学家，从对人类社会影响最为广泛的哲学、宗教和文化体系中，分析出人类社会普遍认可的六大美德，分别是智慧、勇气、仁慈、正义、节制、精神卓越。之后，塞利格曼及其团队通过心理测量的标准，列举出与这六大美德相关联的24项优势，其中，与勇气相关的优势有以下4种。

**勇敢** 当面对强烈的反对意见时，能够捍卫自己的立场，据理力争。

**坚韧** 能够坚持完成自己的任务，从来不会在任务未完成前就放弃。

**正直** 能够获得别人的信任，别人会相信他可以保守秘密。

**活力** 经常表现得热情洋溢、活力四射，并且还会影响身边的人。

# 勇气对抗习得性无助

　　要怎么培养勇气，化勇气为己用，让自己更勇敢呢？我认为勇气是可以塑造的。塞利格曼教授在1967年做了著名的习得性无助实验。研究者把狗关在笼子里，只要蜂音器一响，就给予狗电击，这种电击虽然不会对狗的身体造成伤害，但会带来一些不适感。因为狗一直被关在笼子里，它们逃避不了电击，有些狗就绝望了。多次实验后，蜂音器一响，在施行电击前，即使研究者先把笼门打开，狗也不逃，反而不等电击出现就先倒在地上，开始呻吟、颤抖。狗本来可以主动地逃避电击，却绝望地等待痛苦的来临，这就是习得性无助。随着习得性无助在世界范围内的普及，不少人为自己的停滞不前找到了借口——在经历了无数挫折之后，心中的信念渐渐被击垮了，留下了深深的绝望。

　　然而，塞利格曼教授却在他的著作《真实的幸福》中提到：在这个实验中，并非所有关在笼子里、饱受电击的狗都陷入了习得性无助的绝望状态，事实上有近三分之一的狗不断尝试逃脱，这些狗在困境中依然积极乐观地自救。塞利格曼教授和团队变换实验环境以后，这三分之一的狗还是不断地尝试逃

生活中的情绪心理学

生，最终摆脱了被电击的命运。面对残酷的实验，有八分之一的狗在电击最开始就选择了放弃，进入了习得性无助的状态，承受着命运的安排，最终陷入了绝望的处境。

塞利格曼教授写道：摆脱习得性无助，其实是可以经过后天学习实现的。他本人也是通过不停的尝试和练习，使自己逐渐变得积极、乐观起来的。

从塞利格曼教授的实验来看，我们有理由相信勇气是可以后天习得的。

# 如何习得勇气?

　　如何习得勇气呢？我的建议是一定要增强我们的抗逆力。抗逆力是指个体对困境表现出积极反应，从困境中走出来并且感到更有力量、更有资源、更具自信，获得了成长和进步，即个人的抗逆力最终使个体产生良好的适应结果。当你具有较高的自尊水平，足够自信，并且拥有积极的自我观念时，你就能很好地应对生活中的逆境。但当你的内部资源不够强大时，你往往感到很痛苦，应对效果也不那么好。

　　国际抗逆力研究计划IRRP（the International Resilience Research Project）最常用的一种抗逆力培养方式是"我有（I have）""我是（I am）""我能（I can）"的"3I"策略。

　　"我有"是指主动挖掘自己所拥有的外在支持与资源，从而提升个人的安全感和受保护的感觉，比如朋友、家人、师长等。

　　"我是"是指发现个人的感觉、态度及信念等内在力量。这是个体的内在信仰和态度因素。

　　"我能"是发现和培养个体的人际技巧和解决问题的相关能力，类似于创造力、恒心、幽默感、沟通能力等。

　　我们在面临困境的时候，一定要有"3I"意识，不断地去寻找这些资源与支持，赋予自己动力和意志。

此外，适当地在逆境面前低头示弱，也是抗逆力强的一种表现。这体现了心理学中的"U型思维"，即欲取之，先予之，再让思维和行动来个180度的大转弯。

我自己的经历就是一个很好的佐证。我当年申请美国的大学，很幸运地拿到了美国密歇根大学的offer。但是，对方表示没有经费，需要我自己筹措学费。

我当时的身份是，存款有限，又被限制外出打工，我十分焦急、无助。我如何度过了这个至暗时刻呢？首先我和我太太打了一个电话，把我的处境说明了一下。她说我应该去追求我自己的梦想。这么简单的一句话，让我获得了极大的勇气。然后，我去找我的同学，他们说可以帮我，让我可以坚持到学校开学。最后，我去咨询了我的导师尼斯贝特教授，他知道我的情况之后特别感动，问我他可以帮我做什么。再后来，在导师的引荐下，我认识了一位法国教授。

正好这位法国教授在做一个项目，但是他数学不是很好，需要一个人帮忙。我和法国教授聊了几句，讲了几个数学概念，那个法国教授很兴奋，决定聘用我。因为法国教授的短期聘用，我得以熬过了这个最困难的时候。开学之后，经由这位法国教授的介绍，我获得了一个统计学助教的职务，正式开始了我在美国的留学生涯。

这段故事并不特殊，甚至在很多人看来也没有多么艰辛，但它带给我的影响确实是极大的。我想借此告诉大家的是，人人都有磨难，人人也都有奋起心。只要我们敢于迎接挑战，解决问题，就能够达到我们的目标。

谨记罗曼·罗兰的名言："世界上只有一种真正的英雄主义，就是认清了生活的真相之后，仍然热爱它。"这就是一种大勇。

问自己

1. 遇到问题时总希望别人挡在前面，遇到这样的朋友你会怎么做？

2. 回想一件自己因为缺乏勇气而失败的事情，思考自己再次遇到这样的事情可否用勇气实现突破？

了解更多的心理学研究

耶鲁大学心理学教授米尔格拉姆的服从实验中，参与者担任"教师"角色，被要求对一个"学习者"实施电击，实验发现"教师"即使在"学习者"表现出痛苦的情况下，也会服从指令而继续提高电击"学习者"的电压。这个实验展示了人们在权威压力下可能会做出违背自身道德和价值观的行为，所以，真正的勇气是对抗内心恐惧，坚持自我道德和价值观的决心。

个体心理学代表人物阿德勒，他在自我超越等理论中十分推崇勇气，他的学说也被称作勇气心理学。他对于个体自我如何存在、如何处理自身及人际交往等方面提出了诸多见解。有一句话说：恐惧在敲门，勇气打开门，门外什么都没有。你的担心和恐惧需要勇气来克服。

↓

# 第 17 章

# 幸福：如何从快乐走向幸福？

↓

英文中，幸福和快乐用的是同一个词"happy"。发现幸福和快乐有不同之处是我们中国人民的智慧，我们知道快乐是快乐，幸福是幸福，幸福绝对不是简单的快乐。中国古代文化中，有据可考的关于幸福的最早观念见于《尚书》洪范篇的"五福说"，五福是指"一曰寿，二曰富，三曰康宁，四曰攸好德，五曰考终命"。这是以长寿、富足、健康平安、爱好美德、老而善终为基本的幸福，反映了中国古代早期的幸福观。《孟子·尽心章句上》记载，君子有三乐："父母俱存，兄弟无故，一乐也；仰不愧于天，俯不怍于人，二乐也；得天下英才而教育之，三乐也。"在孟子看来，人生的第一种快乐是父母健在，兄弟姐妹无病无灾；做人光明磊落，问心无愧，这是第二种快乐；身边的人能够因为君子的启发、引导而有所作为，这是第三种快乐。孟子之乐，既关注家庭的幸福美满，又着眼于对道德底线的始终坚守，对所作所为的坦荡无愧。

# 幸福是一种有意义的快乐

幸福到底是什么？我从中国文化的这些学说中得到启发，幸福是对人性的欣赏、满足和认识，我把它叫作一种有意义的快乐。

我的研究证明，幸福有三个重要的生理要素。首先，不能有负面情绪活动，杏仁核不能充血，否则将会带来消极感受；其次，要分泌积极的神经递质，如多巴胺、血清素等，这是体验幸福必不可少的；最后，还要有大脑前额叶的智慧参与，要有感受、领悟，这才是幸福。

大脑前额叶是体验幸福的重要区域，感到幸福和感到快乐是不一样的，幸福的感受一定包含智慧和人性的感悟，这是一种对人生的深刻理解和满足感。吃东西，有时候让人产生愉悦，但不一定是幸福的体验，如果没有大脑前额叶的参与，那只是简单的生理活动。

从科学的角度来讲，意义是我们大脑前额叶产生的一种认知，也就是对我们的语言、理念、思想的一种定义。比如说你走到水边，立马想到"行到水穷处，坐看云起时"，这就是你的意义感，也叫作禅意。如果你走到水边，只能发呆，喊一句"这么多水"，就会显得你很没有意义感。所以，意义感并不神奇，它是人的一种灵性、悟性、感性和德性。

一个人只有找到自己人生的意义感，方能获得幸福。一个肥胖的人吃东西时，能够感受到快乐，但在他突然意识到自己胖到了200斤，变得更胖了时，他会变得不快乐，所以类似于口腹之欲带来的快乐并不能称为幸福。

普林斯顿大学经济学教授丹尼尔·卡尼曼（Daniel Kahneman）是全球研究幸福学的前沿科学家，他认为人类对幸福的理解，其实有很多误区。在研究中，卡尼曼教授和他的同事们发现幸福和财富并没有我们想象中的那么关系密切。

我和我的团队借鉴美国研究者创建的幸福词库，根据中国人的文化和心理特点，结合幸福科学的经典理论，构建了一套可以用来测量幸福程度的中文心理词库，分析中国人的幸福指数变化。我发现幸福与经济实力没有必然的关系，城市幸福指数与人均GDP之间的关系并不是呈线性发展的。根据大数据，我们绘制出了一幅"中国幸福地图"，结果发现，杭州、滁州、玉溪、鹰潭、扬州、嘉兴、长沙等是幸福指数较高的城市，但我们曾经以为的经济发达的北京和上海并没有进入幸福城市排名的前50名。

因此，我们不得不面对一个现实，就是在社会发展初期，物资短缺，或者在一些相对还比较贫穷的地区，幸福指数随着经济发展而迅速上升，经济和幸福感呈线性相关，体现出"一分钱一分幸福"。可当经济发展到一定程度时，幸福就变得和经济无关了。这一大数据技术第一次在上亿人规模的数据中证明了"拐点理论"。简单来讲，越有钱越幸福的体验只存在于人们比较穷的时候。财富与幸福的关联存在一个拐点，拐点后，幸福与财富情况毫无关联。

我们的这个研究，从侧面印证了墨菲定律中的"幸福递减定律"。幸福递减定律，是指人们的满足和幸福感会随着获得物品的增多和财富的增加而减少。如果你经常感到不幸福，就会发现你的婚姻不幸福，你的人生不幸福，你也不快乐，也许此时，你的幸福正在递减。

当我们饥饿难耐时，一块小面包就能给我们带来巨大的满足感；而当我们的处境逐渐变好，面对一桌子的美味佳肴，同样的一块小面包就不会再让我们体验到幸福的感觉。同理，在爱情中，当一个人爱而不得时，对方一句简单的问候就能让自己兴奋不已，甚至一条简短的信息也能让自己幸福一整天。一旦喜结连理，对方变得无微不至，形影不离，同样的问候和信息就不会再激起自己的兴趣，也不会再让自己感觉到满足，幸福的感觉也就不会再有了。

幸福递减，不是说真正的幸福减少了或者消失了，而是人的内心发生了翻天覆地的变化，那些曾经带给自己快乐和满足的东西，其本身的价值和作用并没有发生任何改变，只是当人习惯了这种感受，就不会再把这种状态当成幸福了。

了解这个定律，对于理解幸福和不幸福有重要的意义。

# 幸福的画像

　　与不幸福的人相比，幸福的人一定是行动积极的人，并且创造力更高，因为人在开心快乐的积极状态下容易有伟大的发现。诺贝尔科学奖获得者和其他人典型的差别，就是他们是快乐、积极、自信的人，这是做出创造性工作特别重要的保障。结婚的人比没有结婚的人要幸福得多，不是因为结婚能够带来性满足，主要是人与人之间相濡以沫的感情让人满足，美满幸福的婚姻让人延年益寿。哈佛医学院的一个研究表明，单身女性的平均预期寿命要比已婚妇女短6～13岁，而单身男性的死亡率比已婚男性高20%左右。不仅如此，已婚人士患各种精神疾病和自杀的风险也更低。美国弗吉尼亚大学医学专家詹姆士·科恩（James Coan）与同事进行了一项实验，他们告诉参加实验的女性，她们将遭到痛苦的电击。结果他们发现，那些婚姻美满的女性在实验中如果抓住丈夫的手，她们的紧张程度会大大降低。

　　幸福和高收入、高学历、年轻貌美没有必然的关系，对幸福影响最大的其实是美好的人际关系，是挚友亲朋的支持，是社会交往的技巧。人类是社会性生物，和别人在一起不仅给

生活中的情绪心理学

我们带来了工作的便利、生活的方便，最重要的是给我们带来了心灵的慰藉。在和别人接触的过程中产生的愉悦、快乐、舒适、幸福，是我们人生中特别有意义的体验。如果我们给幸福的人画一幅画像，那他们往往是积极自信、充满创造力和处于美好人际关系中的人。

# 用幸福打破墨菲定律

我们怎样才能打破墨菲定律，赋予人生更多快乐的意义，让幸福持续下去呢？幸福的修行方法有很多，需要我们自己去探索、发现，我经常讲"五施"，具体就是言施、身施、眼施、颜施和心施。

第一是言施。要多和乐观、朝气蓬勃、道德高尚的人聊天，并且多讲一些积极、正面的话题，这样可以产生身心愉悦的体验，让人感到幸福。

第二是身施。比如跑步15～30分钟，大脑会分泌出各种积极的神经递质，让你人感到开心、振奋。此外，听音乐、闻香也会给人的身体带来愉悦。

第三是眼施。一定要有一双慧眼，积极关注生活中一点一滴的变化。生活其实并不单调。如果你满脑子都是工作，你就会错过生活中的美，也就少了很多感动。

第四是颜施。我们要学会让别人感受到我们身上正面积极的能量。微笑能产生积极愉悦的情绪，而且极富感染力。

第五是心施。很多时候我们只培养了自己做事的能力，忽略了感受能力。要学会多去感受有意义、有价值的东西，并积极地做到知行合一，找到人生的意义和价值。美国著名黑人爵士乐歌手阿姆斯特朗的名曲《多么美好的世界》，是我心爱的曲子，每当听到这首曲子，我就会由内而外燃起追求幸福、美好的热情。

幸福其实是生活小事的感受积累，积累得多，体验得多，意识得多，我们就成为幸福的人。如果一个人无法感受、体验，即使中大奖、走上高位，也不会感到幸福。因为幸福不是崇高伟大目标的实现，而是对生活的即时体验，也就是我们此时此刻所有身、心、灵的体验。

问自己

1. "320国际幸福日"的解读中提到：未来"幸福感偏低"将成为威胁人类生存的最大危机。你的家人中有没有处于这种危机中的人？

2. 如果你的亲友不幸福，你能做到独自幸福吗？

**了解更多的心理学研究**

　　在心理学界有很多不同的流派，虽然它们有各自的理念，但是对于人际关系的理解却出奇地一致：各流派都认为一切心理问题的根源都和人际关系是否和谐有关系，人际关系（师生关系、同学关系、亲子关系、夫妻关系、家庭关系、朋友关系、同事关系，等等）不和谐会导致各种各样的心理问题。积极心理学家柳博米尔斯基也说：如果只能给你一条有关幸福的建议，那就是"滋养人际关系"！

生活中的情绪心理学

↓

# 第18章

# 宽恕：做个不记仇的人

↓

真正的婚姻是这样的：

有时候，你很爱他，有时候也很恼他。大多数时候，你在气恼的时候，看到了他爱吃的菜，买了菜却忘记了气恼。然后过了几天，气恼又涌上心头……

这个描述把婚姻双方又爱又气的情绪描写得生动形象，也展现了一个道理——夫妻间的摩擦，总离不开原谅和宽恕。

# 宽恕的性别差异

面对仇恨，男女的反应并不相同，在固有的观念中，人们一般认为，相较于男性，女性更容易小心眼，更容易记仇。事实也许出乎你的意料。美国凯斯西储大学心理学家朱丽亚·郁斯兰（Julia Yuslan）博士做过7项关于宽恕的研究，先后检测过1400名大学生的宽恕态度。郁斯兰博士先要求受测者回想受到冒犯的情景，再把他们随意分成两组，一组直接检查当时的宽恕态度，另一组则是回忆自己冒犯别人的经验。在研究过程中，郁斯兰博士发现，每一次测试结果都表明，男性比女性更不容易原谅别人。

这并不是说男性有仇必报。在郁斯兰博士的实验中，当男性觉得自己有过失时，报复心理会降低，宽恕别人的意愿会提高到和女性相同的程度。她还发现，男性对冒犯自己的人与事大多耿耿于怀，有很强的"讨回公道"的意愿。但外向的男性受到冒犯，比内向的男性更容易忘却。

那什么时候男性和女性都比较容易原谅对方呢？郁斯兰博士给了答案：轻微的冒犯、冒犯者道歉或冒犯的是固定交往的对象时，男性和女性都比较容易原谅对方。

# 宽恕驱散黑暗

宽恕是一种积极心理资本。1984年，美国认知心理学家斯科特·考夫曼（Scot Kaufman）提出，宽恕就是放弃怨恨。科学研究证实，原谅别人，大脑可以帮你"丢掉"伤痛。选择原谅的人，比较容易忘记以往被伤害的细节。这是因为做出原谅动作后，大脑会形成遗忘痛苦回忆的机制。英国圣安德鲁斯大学的研究人员让30位被试者阅读40种严重伤害他人等情境的内容，然后让每位被试者针对每种行为造成伤害的程度评分，并试想如果自己是受害者，原谅对方的可能性会有多大。两周后，同一批被试者再阅读相同内容，研究人员有选择地要求被试者不去回想部分内容。当被试者一开始就选择原谅，事后再回想事情的细节时会出现困难。而那些一开始就选择不原谅的人，即使实验中被要求不要回想事情的细节，那些记忆仍相当深刻。

研究显示，选择不宽容的被试者的平均心率从每4秒1.75次增加到每4秒2.6次，血压也随之升高了。人做出原谅的决定后，大脑会启动遗忘机制，让人忘记那些曾对自己不利的痛苦记忆。即使一下子做到真正原谅仍有困难，但是，只要选择原谅，遗忘那些记忆会变得相对容易。

此外，美国斯坦福大学曾经做过"斯坦福宽容计划"，通过实验发现，所有参加计划的人中，有70%的人受伤害感明显降低，20.3%的人表示因怨恨带来的身体不适也有所减轻。

# 宽恕是一种优势力量

　　著名心理学家博迈斯特（Baumeister）和艾斯林（Exline）提出，宽恕是情绪和行为的一种混合状态，它既代表着受害者的负面情绪的逐渐减弱，也代表着行动上的积极正面的反应。

　　美国迈阿密大学的心理学教授迈克尔·E.麦卡洛（Michoel E.McCullough）在1999年指出，宽恕包含利他、共情、迁就等成分，宽恕的本质在于受害者在动机上对于施害者有趋于利他的改变，这种改变削弱了受害者仇视和报复对方的消极动机，同时增强了受害者善待对方的积极动机，有利于二者之间的和解。麦卡洛强调，宽恕是一种亲社会的表现。宽恕是一种积极心理的资本，一种优势力量，一种亲社会的利他行为。它也是个体的一种重要的、正面的、积极的人格和性格品质，能够让我们转化过去的负面体验，恢复内心的宁静和谐，从而获得正向的情绪体验。宽恕的利他性质是我们应该提倡的正向美德和积极的善良行为；宽恕也是我们处理现实生活中消极方面的一种积极态度和选择，是一种积极的策略和道德情感。

　　在中国传统文化中，有一种精神叫"以德报怨"。宽容不是示弱，不是投降，也不是逃避。宽恕别人，体现的是自己人格的伟大。

然而，长期以来，人们对宽恕普遍存有很多误解。一方面，很多人认为只有圣人才能做到宽恕，我们凡夫俗子难以企及；还有人认为宽恕是软弱、无能、屈服、纵容、迁就、正义倒退等的代名词。另一方面，无论是在东方还是在西方，复仇思想是普遍存在的。"有仇必报""君子报仇，十年不晚""以眼还眼，以牙还牙""以其人之道还治其人之身"等传统观念使得我们在心态上相信报复的正义性和必要性。这种集体的无意识使我们很少反省报复过程中所蕴含的残忍和丑恶，以及它对当事人的精力、时间、心灵、精神和社会性的伤害。

正是由于对宽恕的错误认知，人们在面对各种背叛和矛盾时，很难把宽恕作为一种积极选择。心理学研究发现，宽恕并不是姑息错误，也不是弱者的被迫选择，可以这么说，宽恕是一种富有智慧的方法。真正的宽恕是记得，它提醒我们不要重蹈痛苦和类似不公正的行为。宽恕展示的是爱心和坚强，反映的是积极、主动、善良、伟大的人格。宽恕别人，释放的是自己。

# 如何真正宽恕？

    首先要打破"自我宽恕定律"。出于人性中趋利避害的特点，我们总是很容易忽略自己的失误，理解自己的过错，轻易地原谅自己，甚至会把责任推卸给别人。这种现象在心理学中被称为"自我宽恕定律"。中国有句古话叫"只许州官放火，不许百姓点灯"，说的正是这个定律，生活中的很多矛盾和误解也是这个定律造成的。从这个意义上说，打破"自我宽恕定律""以责人之心责己，以恕己之心恕人"，对人对己，多一些理解，多一份宽容，就能化干戈为玉帛，变不足为优势，获得美好的人际关系，这也是中华民族的传统美德。

    此外，被别人伤害，我们还可以通过改变认知来调节自己的情绪和行为，这是认知治疗大师艾利斯提出的情绪认知的ABC理论。其中，A即Activating event，指挑战；B即Belief，指想法、意念；C即Consequence，指结果。面对挑战A，我们会产生想法B，继而产生结果C。所谓ABC认知理论，就是通过调节B来获得更好的C。举个例子，一直很要好的朋友突然做了一件对不起你的事，这个情况叫作A。围绕这个A，你肯定有想法，会去分析，这就是B，你可能会想，你是不是哪里得罪他了？他是不是变坏了？这个时候带来的C是不开心、自我否定。

此时，你可以改变自己的B。想一想，你是不是被他误伤的？他的本意不是要伤害你。这个时候C也发生了改变，我们从不开心、不愉快，变成了积极的行动。

但有时候，在实际运用中，人们往往会陷入消极的"ABC循环"，很难有力量去改变想法B。因此，在ABC理论上，有一个升级版本的ABCD理论。这里的D即Dispute，指反驳。

当你陷入负面的ABC循环中，给自己一个反驳D的机会。比如朋友背叛了你，你认为他不喜欢你了，感到怨恨难过的时候，你仍然要给自己一个反驳的机会——有没有可能不是这样？如果不是这样，你该怎么办？

通过加入最后一个步骤反驳D来引导你改变自己的认知模式。久而久之，你会发现自己更加宽恕别人了，更加仁慈——宽恕做错事的人，接纳他人的短处，给予他人第二次机会，不再受报复心的折磨。

当然，我们提倡宽恕之心，并不是说所有的过错都是可以宽恕的，更不意味着否认法律、公正在社会生活中的重要性，我们只是讲在人与人之间的关系和社会成员之间的关系中，宽恕是一种积极正面的心理能量。所以，宽恕那些伤害我们的人，能使我们变得卓越、优秀、快乐和幸福，也能让我们充满积极的正能量，让我们的爱超越人与人之间的伤害。

1. 回想你曾经宽恕别人的经历，如今你后悔吗？

2. 你有过自己犯错误后被宽恕的经历吗？请写下来分析一下。

问自己

了解更多的心理学研究

恩赖特的宽恕治疗模型鼓励自愿地将负面的思想，感情和行为转变为积极的，促进疗愈和情绪健康。沃辛顿的"五步宽恕过程"包含了：揭露伤害真相，决定宽恕，做相关工作，深化工作效果，被害者发现自己已经释放。

这两个模型都揭示了，宽恕并不是否认或忘记所受的伤害，而是一个需要有意识的决定和对冒犯者的理解的积极而常常具有挑战性的过程，在这个过程中受伤害者的心理痛苦减轻了。

生活中的情绪心理学

↓

# 第19章

# 幽默让心花绽放

↓

2017年，在清华大学主办的一场很严肃的国际学术大会上，主持人邀请国际积极教育联盟主席、英国白金汉大学校长安东尼·塞尔顿爵士上台致辞，爵士头衔和杰出的学术贡献让在场的每一位观众翘首以待，个个凝神静气，都想一睹这位心理学大咖的风采。会场内安静得几乎能听到呼吸声。突然，安东尼爵士的一记倒立撑，惊艳全场，引起台下一片欢呼，严肃紧张的气氛瞬间消散。作为东道主，我也被安东尼爵士的幽默所震撼，会心一笑。这样出其不意的幽默能够激起观众的愉悦感，让人轻松、愉快、欢喜，情绪舒畅，还可以极大地活跃气氛，连接双方的感情，在笑声中拉近双方的心理距离。

后来，我发现幽默是安东尼爵士个人鲜明的特色，他不只是搞科研的，还是搞"笑"的。他在各种场合将幽默运用得炉火纯青，游刃有余，发挥了幽默的情绪调节功能——懂幽默的人，会给周围的人带来快乐的体验。我想这也是安东尼极受欢迎的原因之一。

幽默是一种积极的心理能力。"幽默"一词是20世纪20年代由林语堂从英文单词"humour"翻译而来，意思是幽幽地想、默默地笑。当我们想到幽默的时候，可能会想到笑话、喜剧、相声、玩笑、讽刺，等等。确实，幽默的表现方式多种多样。心理学把幽默定义为，人有意或者无意做出来的或说出来的能让别人感到喜悦和好笑的事情。

# 幽默感的匹配

很多演讲提倡演讲者以幽默的方式开场，这不仅能让观众笑，还可以让自己放松。因为一个幽默的段子，全场笑了起来，一下子大家就都不紧张了。只要听到观众会心的笑声，演讲者就知道他们是友好的，也就有了信心。幽默的人不仅能够让其他人笑，也能够让自己开心，缓解紧张的情绪。从这个意义上说，幽默是一种特别重要的心理防御机制，它能使人平衡，使心理郁结松弛，是获得从容淡定、化解焦虑的灵丹妙药。

社会心理学家发现一个很有意思的现象，幸福婚姻离不开伴侣双方一致的幽默感，即你讲的笑话，他都懂，都明白，两人相对一笑，胜却人间无数。美国斯坦福大学心理学教授罗伯·扎恩（Rob Zayn）早在1976年就提出一个很重要的心理学概念，叫作"匹配理论"。他发现世界上绝大多数的婚姻都是建立在匹配原则基础之上的，主要是理想的匹配、资源的匹配、价值观的匹配，以及性格的匹配。价值观匹配的重要标志是幽默感的匹配，这种匹配是指两个人能够欣赏相似的笑话，有相同的笑点，能够一起哈哈大笑。研究发现，这种幽默感的匹配可以预测出这对夫妇未来会不会幸福。

从这个意义上说，找对象时，最好不要错过那些懂得幽默的人。6500万年的人类演化历史，使我们的大脑进化得越来越聪明，同时也使得我们对新奇事物保有喜爱和偏好。因此，我们其实是厌倦常态、常规、重复、单调的生活的。这种喜新厌旧的情绪有可能会使我们对自己的伴侣产生厌倦，并且难以形成长久稳定的关系。一个具有幽默感的人，善于从日常生活中发现新异现象，容易产生快乐和幸福的体验。所以，幽默也是抵制厌倦的一种重要手段。有幽默感的人容易让自己的伴侣产生新奇的感觉，让平凡的生活开出花朵，从而保持长期稳定的关系。

2017年1月出版的《认知心理学》杂志上，刊登了奥地利研究人员的一篇科研成果。研究人员招募了156名成年参与者，一半是男性，一半是女性，对他们进行了测试，测试内容是对一位知名漫画家的 12 部黑色幽默漫画进行评分，并分享他们对这些漫画的理解与看法。结果表明，那些对黑色幽默最感兴趣的人，同时也是最没有攻击性和最聪明的人，而且拥有最高的教育水平；对漫画的理解和兴趣处于平均水平的人，具有中等的智力水平和较低的情绪障碍，但有适度的攻击性；而对漫画的理解中等且兴趣程度较低的人，往往智力水平一般，但攻击性水平较高。

# 如何提升幽默感？

由前文可知，幽默感的重要性可见一斑。那么我们我们该如何提升幽默感呢？加拿大西安大略大学心理学教授劳德·马丁（Lander Martin）曾经在《当代心理学》上指出，如果在交际中使用幽默感，会让我们的人际关系得到加强。但幽默感是一把双刃剑，用得好可以让人际关系变得更融洽，用得不好可能适得其反，甚至引起他人的反感。

马丁教授把人的幽默风格分成四种类型：亲和型、自强型、攻击型和过度自贬型。

亲和型幽默（affiliative humor）：通过调侃、插科打诨等打圆场的方式来传达幽默。亲和型幽默的人容易让别人感到舒服，敢于笑对自己的错误。脱口秀主持人经常有这样的魅力。要做到这一点，首先就不要存在敌意，而且要宽容，有比较好的人际关系，自身也比较热情、高自尊、积极乐观。

自强型幽默（self-enhancing humor）：是指对生活保持幽默的态度，并用幽默作为应对问题的策略，主要目的是减压或者作为一种个人的心理防御机制。这种方式的幽默对我们的心理健康有很大的帮助。即使在有压力或者遭遇厄运的时候，也能让自己开心。自强型幽默的人非常乐观/开朗，有积极的自我效能感，较少有消极性、愤怒倾向性等负面情绪出现得少一些。

攻击型幽默（hostile humor）：为了批评和操纵别人以提升自己在人际关系中的重要性，例如告诉朋友们有关另一个朋友的糗事。经常使用的方法包括嘲弄、嘲笑、玩弄、讽刺、挖苦、愚弄，这样的幽默主要是用来贬低和伤害别人，具有很大的攻击性，让自己的快乐建立在别人的痛苦和反感之上。这种幽默方式不是我们提倡的。

过度自贬型幽默（self-defeating humor）：为了讨好或取悦别人，有人经常以自己为嘲笑对象来博得大家一笑。这种幽默伴随着过度的自我贬低、自我挫败和愤世嫉俗的态度。使用这种幽默后，使用者内心也会挣扎，产生自我批评。同时，过度自贬对自己的幸福感、满意度、自我效能感、自尊心也有很大的伤害。这种幽默方式也不是我们提倡的。

心理学家克劳德·斯蒂尔（Claude M.Steele）是我在密歇根大学的博士生导师之一，他曾经提出一个著名的"刻板印象威胁"的心理学概念来解释这种嘲弄所带来的负面心理效果。所谓的"刻板印象威胁"指的就是：如果在某个环境里，个体担忧或者焦虑自己的行为会验证别人对于自己所属社会团体的负面刻板印象，那么，这种焦虑就会影响他的表现，使得他的成绩变差，心情变坏，行为受到干扰。比如说一个金发女郎在听到有关"金发女郎胸大无脑"的笑话之后，她就会产生一种"刻板印象威胁"，接下来去做有关智力测验时的表现会很差。因此，以刻板印象嘲弄别人或者影响自己，都会使他人或者我们自己受到伤害。

由此可见，我们提倡的是积极正面的幽默，即自强型和亲和型幽默，而不是攻击型和过度自贬型幽默。

从某种意义上来讲，积极正面的幽默和自嘲也淋漓尽致地展示了人们的"慧眼禅心"，因为有"慧眼"才能意识到社会中新奇的、不一样的角度，有"禅心"才能够积极、快乐地应对生活中的各种挑战、矛盾和怪诞。

问自己

1. 找一找你身边幽默的朋友，记录一下他们的幽默故事和幽默语录。

2. 你认为幽默和认知水平有关吗？

了解更多
的心理学
研究

过于严肃的环境不利于人们的积极心态，幽默是良好的润滑剂和调剂品。

在当代幽默心理学研究中占主导地位的"乖讹论"，也称"不和谐理论"，是对幽默和笑的研究中最具影响力的一派理论。18世纪的康德被认为是第一个从乖讹的角度为幽默下了完整定义的人。他指出，幽默来自于"从期待到期待落空的突然转换"。叔本华在笑的定义中则明确地提到了乖讹和不和谐："在每一个事例中，笑的原因不过是突然感觉到一个概念和借助这一概念表现的现实事物之间的不和谐，而笑本身正是这一不和谐的表现。"

↓

## 第20章

## 欣赏：欣赏的是别人，
## 变好的是自己

↓

积极心理学家米哈伊，在其著作《观看的艺术》一书中把欣赏看成是对美好事物的愉悦感受。东晋诗人陶潜在赞美融洽的精神交流时曾经说过，奇文共欣赏，疑义相与析。

欣赏是一种审美的体验。

# 美感或欣赏之心

很多科学家认为审美的体验是科学发展的重要动机，甚至是最重要的动机之一。比如英国理论物理学家保罗·狄拉克说："使一个方程具有美感比使它去符合实验更重要。"量子力学的创始人之一沃纳·卡尔·海森堡也说："当大自然把我们引向一个前所未有的、异常美丽的数学形式时，我们就不得不相信它们是真的。"

对美的喜爱是人类的本能。美好的事物容易引起多巴胺的分泌，人在分泌多巴胺时，会产生一种幸福、愉悦的感觉，大脑会在此时感到舒适、放松。心理学家还发现一个男生背着吉他跟女同学搭讪，成功率就会比其他男生要高很多。为什么？我们对这种有美感的人，有一种潜意识的偏爱。

美是什么呢？神经心理学研究发现美就是"大脑容易加工的东西"。美的特征，比如均衡、对称、纹理、透视、黄金分割比例，都是大脑的神经系统容易加工的信息。

积极心理学将"欣赏美"列为人的24项品格优势之一，美感强的人，不但会欣赏美，还会创造属于自己的美，知道如何修饰、打扮自己，从而让自己看起来有魅力。

美对人类的心智也有启蒙作用，蔡元培先生强调"美育是最重要、最基础的人生观教育"。当眼能看到，耳能听见，手能触摸，心能感受，我们的心就会越来越柔软，越来越容易被感动，就能成为一个自由、敏感且富有创造力的人，成为生活的艺术家。美还可以产生共鸣，如果两个人都觉得同一个事物美，那么这两个人有一种心灵相通的感觉。一起唱歌，一起跳舞，都会让人产生心心相印的感觉。有审美感的人能够看到别人看不到的东西，能够领悟到别人领悟不到的东西，也会在日常生活体验中保持对自然的敬畏感、对科学和艺术等领域的卓越贡献产生敬佩感，以及对美德行为，如善良、宽恕或勇敢等的钦佩。美国学者丹尼尔·平克（Daniel Pink）在《全新思维》一书中，提出美感或欣赏之心是人们决胜未来的6种能力之首。

# 为什么美感如此重要?

　　审美，即对美的欣赏，越来越受到人们的重视。1967年，美学家纳尔逊·古德曼（Nelson Goodman）在哈佛大学教育学院成立"零点计划（Project Zero）"，旨在通过对艺术教育的研究来提升思考能力和学习效率。古德曼认为，艺术学习应被视为一种严肃的认知活动。零点计划的实施，带动了全美甚至整个欧洲国家将美育列为教育的重中之重。

　　美国的教育学家甚至认为，美国科技人员文化艺术素质的落后，是导致美国空间技术落后的元凶之一。1975年，苏联发射了第一颗人造卫星，比美国早了83天。美国许多教育家在对比了美苏两国在文学、音乐、美术等文化艺术领域里的差异后，提出了这样的观点：美国的科学技术教育是一流的，但文化艺术素质教育比苏联落后。从19世纪到20世纪，苏联涌现了一批世界级的文学家、艺术家，比如文学家列夫·托尔斯泰、屠格涅夫、契诃夫、普希金，音乐家柴可夫斯基等；同一时期，美国只有杰克·伦敦等少数作家，即使有斯特拉文斯基这样国际级的著名音乐家，他的祖籍也是俄国。

　　从这个角度来看，培养审美、欣赏之心，对个人发展和社会发展都是极其重要的。

英国学者李约瑟在其编著的15卷《中国科学技术史》中正式提出一个问题："尽管中国古代对人类科技发展做出了很多重要贡献，但为什么科学和工业革命没有在近代的中国发生，而是在17世纪的西方，特别是文艺复兴之后的欧洲？"从公元6世纪到17世纪初，在世界重大科技成果中，中国所占的比例一直在54%以上，而到了19世纪，只占0.4%。中国与西方为什么在科学技术上会有如此大的距离，这让李约瑟觉得不可思议。1976年，美国经济学家肯尼思·博尔丁称之为"李约瑟难题"。

这一问题难倒了无数的学者，包括李约瑟本人在内，无人给出令人满意的答案。与之对应的是，中国著名科学泰斗钱学森曾提出著名的"钱学森之问"——"这么多年培养的学生，还没有哪一个的学术成就，能够跟民国时期培养的大师相比。为什么我们的学校总是培养不出杰出的人才？"

清华大学高等研究院名誉院长、物理学家杨振宁教授曾经就这个问题提出过一些独到的见解，可以简单归纳为：科学是人类知性文化的最高成就，它以逻辑概念去概括事物的本质和因果联系；相反，审美则是以意象去把握事物的形式及其秩序。我们的教育注重培养抽象思维，在审美培养上则有所欠缺。

我们暂且不去评价杨教授的回答是否正确，因为问题本身就很宏大，但杨教授一直呼吁学子们保持对美的欣赏之心。杨教授在给《爱因斯坦：机遇与眼光》这本书做序时说："我以为，年轻朋友们应该对科学的不同层次的美拥有鉴赏力。常常有年轻朋友问我，他应该研究物理，还是研究数学。我的回答是，这要看你对哪一个领域里的美和妙有更高的判断能力和更大的喜爱。"

# 如何提升对美的欣赏水平？

19世纪是工业化时代；而20世纪，人类进入信息化时代，掌握了信息、会利用信息、会分析信息的人，如科学家与工程师，自然就成为时代的主人；但到了21世纪，人类又进入一个新的时代——人们普遍认为现在是感性的时代。在感性时代，能够拥有欣赏之心、意义感、快乐感、同理心、共鸣力的人就是时代的主人，是优秀的"ACE人才"。

那么，ACE指的是什么？A是审美感（Aesthetic），有审美感的人能够看到别人看不到的东西，能够领悟到别人领悟不到的东西；C是创造力（Creativity），有创造力的人能够分析问题，解决问题和创造新概念、新事物；E是情感共鸣能力（Empathic），有情感共鸣能力的人能够敏锐地感受并影响其他人的感情。很多年轻人进入社会以后，虽有能力，但不一定会被人喜爱。优秀的人才一定是让人欣赏，有许多人愿意追随他，与他同甘共苦，共创辉煌。

我是一个研究积极心理学与跨文化沟通的学者，我认为积极心理学对教育的作用其实就是促使我国培养起来的人才有魅力、吸引人，让人爱慕。我希望更多的人能够真正欣赏美，有机会破解李约瑟难题，为国家的发展做出贡献。

美是一种情绪体验，美的作用是唤醒情绪，美育能够塑造人的心灵，道德教育应当从美育开始，高尚的人是从美的感受开始的，"美者无畏，善者无缺"。王国维先生是"美育"和"心理学"这两个中文概念的首创者，美育其实也是心理健康教育。空山新雨，天气晚秋，松间月照，慧眼禅心，能欣赏如此美景的人才真正具有积极的心态。

那么，如何做，才能让自己具有更好的美感呢？

首先，不要带着功利心学习艺术，凡是把艺术作为一个谋生的手段，或者作为一个加分的项目，就变成功利的了。把艺术当作一种生活方式，当作一种欣赏，当作一种个人的休闲方式，这才是真正的艺术。

美感是一种心理体验，所以我们要去欣赏，要去体会，这离不开心智的提升。加拿大多伦多大学的认知心理学家奥特利（Keith Oatley）用数十年的时间研究了小说的心理学效应，他发现"人物情节丰富的故事能够提升心智和共情能力"。为了测试小说的这一作用，奥特利和同事首次使用了"眼睛智力测试"。研究人员让参与者看了36张人眼照片，然后选择4个词语说明照片上的人在想什么或感觉到了什么。他们发现，与读非小说作品相比，读虚构小说能显著提高参与者的得分。即便在控制了个性与个体差异后，这一联系依然明显。研究进一步显示，小说甚至能让读者形成针对不同民族或文化的共鸣。当我们在读有关他人的故事时，会产生代入感，想象自己在故事中担任某个角色。这让我们能够更好地理解他人，与他人合作共赢，从这个意义上说，欣赏别人的美好，可以让自己变得更好。

1. 你有没有特别欣赏的人或者作品？写下你欣赏的理由。

2. 被人欣赏时，你的感受如何？你希望得到什么人的欣赏？

欣赏不止是眼睛还可以是身心共同和外界交互的作用，与其相关的心理动词还有品味（savoring）。弗雷德·布莱恩特（Fred Bryant）把品味定义为旨在领会以及放大某种积极体验的思想和行动。从时间维度出发，品味可以分为三种形式：品味未来、品味当下和品味过去。

在艺术欣赏与情绪影响的实验中，参与者被要求观看不同类型的艺术作品，随后评估他们的情绪状态。结果显示，观看被认为是美的或令人愉快的艺术作品能显著提升参与者的正面情绪。研究者还发现，频繁体验美（如欣赏艺术、音乐、自然美景等）与较高的生活满意度和幸福感相关联；相比在城市环境中度过时间，参与者在自然环境中度过时间能有效降压力水平，提高注意力。

第 2 篇　积极情绪篇——积极情绪创造幸福人生

↓

# 第21章

# 爱情：积极心理学帮你
# 筑造真爱

↓

关于人类永恒的爱——爱情，我们这里谈一下爱情的性别差异、如何选择伴侣、爱情三角理论，以及如何维系持久的爱情。

# 对待爱情的性别差异

　　美国宾夕法尼亚大学研究人员发现，相较于女性，男性更容易爱上对方。研究人员访谈了170多名25岁以下的年轻男女，结果显示，一半以上的男性在跟女性认识几个星期以后就会开口说"我爱你"，女性则要交往好几个月以后才会有这种冲动。研究人员认为，女性对感情比较谨慎，所以多半不会轻易表达爱意，男性则为了要让女性跟自己发生性关系，很快就表达出爱意。所以，一见钟情的绝大多数是男性。我们通常说的眼缘，其实对男女的意思是不同的，对男性而言，可能是爱的感受，对女性而言，可能只是喜欢而已。

　　还有一项心理学调查发现，男性对婚姻的憧憬竟比女性高，且对待婚姻的态度更慎重，一旦结婚就不愿意轻易离婚，但女性对婚姻没那么乐观，反而更加现实一些。这个结果让人们对"感情及婚姻是女性的一切"的认识发生了变化。

　　更有意思的是，男性对爱情的追求程度和女性是一样的。虽然很多女性认为男性更关心性的欲望，但实际上，全世界为爱而牺牲的男性远远多于女性，这种比例高达3：1。也就是说，有将近75%的为爱而牺牲的人是男性，而为爱牺牲的人中女性只占25%。所以，莫道男儿多无情，殉情往往是须眉！

# 借助心理学找到"对的"伴侣

虽然人们对待爱情的态度存在性别差异，但是，不论男女，都对爱情心生渴望。爱是人类内心的产物，是人类的一种基本情绪。爱情是一种复杂的情感体验。大量的心理学研究已经证明，爱情不仅是一种积极的情绪体验，也和人类的饥饿感、性欲望以及求生本能一样，都是人类最原始的生存本能。

在选择爱人时，有个现代爱情难题：我爱的和爱我的，到底怎么选？作为一个社会心理学家，我认为，选我爱的，还是爱我的，听上去各有利弊，但其实这个问题的答案取决于内心的需求。有的人喜欢接受对方的喜欢和爱，感受被爱会获得价值感；有的人会喜欢为对方付出和奉献的过程，在付出的过程中体会到自我价值和幸福感。当然，爱情也会受到依恋类型和人的态度的影响，美国心理学家亨德里克夫妇（Hendrick）编制了爱情态度量表，提出爱情可以分为6种类型：浪漫型、游戏型、伴侣型、现实型、实用型和奉献型。其中奉献型的爱人会倾向于找"我爱的"，而现实型的爱人会倾向于寻找"爱我的"。当然，爱情不是一个人的独角戏，双方的爱情风格会互相影响，每一段关系中都有不同的模式。爱情本身就如人饮水，冷暖自知。究竟什么样的爱人是适合自己的，哪种互动方式更舒服，要从自己的内心探询自然就有了答案。有研究发现，适合自己的、与自己匹配的爱人，就是对的终身伴侣，对的伴侣就是真爱。

# 爱情三角理论

根据认知心理学家罗伯特·斯滕伯格（Robert J. Sternberg）的爱情三角理论，爱情包含三个成分：亲密感、激情、承诺。

爱情片里擅长描述的情侣间强烈的化学反应，就是三角理论中的激情。2010年，美国纽约州锡拉丘兹大学的科学家提出，爱情所带来的激情感受不仅力量强大，而且犹如闪电般快速，能让人们在0.2秒内坠入爱河。负责该研究的斯蒂芬妮·奥蒂格教授指出，当一个人爱上另一个人的时候，其大脑中有12个区域会协同工作，释放出让人产生愉悦感的化学物质，如多巴胺、催产素和肾上腺素等。奥蒂格指出，在一对刚刚相爱的情侣的血液中还能发现神经生长因子（NGF）水平的大幅提高。神经生长因子是促使人们产生一见钟情感觉的关键因素。所以，爱的感受是真真切切的。

然而，激情只是爱的一个成分，而且是最容易消失的成分。人们担心婚姻会是爱情的坟墓。原本热恋的两个人一旦步入婚姻，柴米油盐的琐碎生活就会把爱情的单纯、浪漫磨碎，事实果真如此吗？其实除了激情，亲密和承诺也是美满婚姻的重要组成部分。在爱的不同阶段，爱的方式可以不一样。努力维持双方的亲密度，彼此付出并承担责任，是完美婚姻中重要但容易被忽略的部分。

斯滕伯格对爱情的研究并没有止步于此，在研究了无数个爱恨情仇的故事后，他提出了对爱情的全新理解。他认为爱情是一个故事，每个人都拥有自己的故事类型，人们基于自己的故事去建构亲密关系，在大多数情况下，爱情故事是现实和构想的混合。用斯滕伯格的话来说，如果一对情侣的故事是相容的，即使他们的关系在外人看来似乎是糟糕的，这段关系也会持久；如果一对情侣的故事是不相容的，即使他们的关系在外人看来似乎是美好的，这段关系也会结束。这也是为什么有些看起来美满幸福、从不吵架的夫妻，最后却离婚了，也解释了我们为什么会爱上这个人，而不是另一个人。所以我们一直说，适合的才是最好的。

然而，有一些人出于对完美契合的爱情的向往，在追求爱情的道路上，漫漫求索而无所终。互动关系心理学家的研究表明，在100万人里，至少有6000人可以是你的最佳配偶。但经济学上还有一个理论，叫作最优停止理论。我们的人生会有多种选择，但是到了一个点就可以确认了，最优的点就是在37%的时候。很多时候我们都会相信下一个更好，但事实上我们偶然间错过了我们最好的选择。很多人选择等，是为了追求完美，但是"完美是良好的敌人"。如果追求完美，可能就会错过良好，最后找到的也不一定是完美的。

# 筑造持久的爱情

处于亲密关系中的我们如何筑造持久、鲜活的爱情呢？

第一，做一个增强幸福感的倾听者。对话时，持续关注对方的面部表情，也可以通过自己的面部表情、肢体动作和直接的语言表达来体现自己的兴趣和欣赏。

第二，丢掉面具，做彼此的朋友，积极面对问题。在婚姻中不仅仅把对方当作人生的伴侣、事业的伙伴，最重要的是把对方看成自己最亲密的朋友，一起面对问题，而不是回避问题。公开说出自己的爱好、经历和关系的问题、婚姻的梦想和追求，这样做是尊重自己的配偶，热爱自己的家人的表现。

第三，与伴侣分享家庭生活之外的信息，互相扶持，彼此成就，一起成长。婚姻关系是社会关系的延续，很多时候我们爱一个人，其实是爱自己。当我们爱一个人的时候也体现出对自己的社会能力和爱的能力的一种自信。比如，告诉配偶你工作上某个项目进展如何，与领导或者同事的关系怎样，让你的伴侣在婚姻之外更多地了解你在社会生活中的状态，借此互相鼓励，互相肯定，也能增加彼此对自己社会能力的一种信心，提高双方的自尊心和自信心。

　　爱的精髓是互相联系、互相倾诉、互相认同的两个自我各自维持自己的特性，但同时也共同生活，增加彼此的相似性，欣赏对方，支持对方。爱是需要说出来的，谈情说爱就是这样来的。

　　好的婚姻关系需要我们去经营、维系。我们先经营好自己，减少批评、鄙视、辩护和冷战，再通过积极的沟通来增进理解，营造一种彼此信任、相互扶持的亲密感。

　　愿天下有情人终成眷属，愿中国好夫妻白头到老！

问自己

1. 你的长辈中有没有相爱一世的夫妻？你愿意和其他朋友分享他们的爱情故事吗？

2. 你认为如果一生都找不到爱情，人生还有可能活出灿烂千阳吗？

了解更多的心理学研究

　　婚姻教皇约翰·戈特曼教授经过几十年的研究，提出了一个概念，叫做喜爱与赞美系统。通俗来说，就是通过日常生活的言语和行动，对另一半表达你的喜爱、欣赏、赞美甚至是敬佩、崇拜。喜爱，即喜欢另一半的音容笑貌、妆容服饰、兴趣爱好，性格品质，还有爱屋及乌。赞美，即因喜欢和欣赏自然就想夸赞对方，方方面面都可以赞美，比如对方主动做家务，还可以赞美他的进步。当两个人经常互相表达喜欢和欣赏，彼此的心自然就会越来越近，越来越亲密，而亲密会带来激情。

↓

第２２章

自爱：如何做到爱自己？

↓

什么是自爱？自爱其实就是要像爱别人一样爱自己，善待自己。所以，它不是自恋，不是溺爱自己、放纵自己，不是自认为"完美无缺"；它也不是追求高人一等，从而瞧不起别人，欺负别人，或者产生嫉妒、焦虑、不安全感；它更不是孤芳自赏，自怜自艾，而是有慈悲之心，理解、接受自己的优点和不足、快乐与痛苦。所以，也有人把这样的一种感受解释成自我关怀。

# 自爱的积极意义

积极心理学认为，自爱其实还包含着对友谊、爱和幸福的期盼，是对自我价值的肯定，是一种健康的自尊感。它提醒我们，我们的生命具有价值，应该得到他人的尊敬，我们是有能力实现幸福和个人目标的。

我以前有很多的理想，想当演员，想当运动员，想当飞行员，但是这些理想我都没有实现。读到这里，按照一般人的理解，我一定很差劲。按照这种看法，我是不是并不爱自己了？

不是的。后来我考上了北京大学，再后来我又写了不少文章，出版了专著，给读者带去了丰富的精神食粮。所以说，我们需要不断探索爱自己的理由，可以给自己设定一些能达到的小目标，也可以挖掘一些自己和别人不同的优点，去放大它，并且欣赏它。这可以带给我们很多自尊感、自我价值和自我认同感。这种意义的自爱就是要欣赏属于自己的天赋、美德和优势。

每个人来到这个世界上都有自己的意义和价值。这种意义和价值不是来自别人的说法，也不取决于社会的标签，而是来自自己的创造和领会。也许你还年轻，你甚至不知道自己活在这个世界上有没有意义，但是当你完成一项作业，当你做出别人不能做出的业绩的时候，当你考上自己心仪的大学的时候，你会发现原来活着真的是有意义的。

一系列心理学研究发现，自爱的人拥有一种强大的精神动力，有能力追求自己的幸福，这是一种健康的自尊，它与一个人的心理健康直接关联。美国心理学家、现代自我评价运动之父纳撒尼尔·布兰顿（Nathaniel Branden）被称为美国乃至全世界的自尊运动的先驱，他在这一领域研究了50年，他认为自尊是"一种觉得自己能够应付生活中的基本挑战且值得享受快乐的感觉"。健康的自尊感与以下优点有积极的联系：理性、现实感、直觉、创造性、独立性、灵活性、应变力、知错即改的能力、善良、合作精神。

健康的自尊并不是自我陶醉或傲慢骄狂，而是对自己的能力和弱点有客观的认识，并且能发挥自己的长处，能努力克服生活中的各种问题和困难。想要生活幸福、成功，我们需要追求并获取价值，我们需要重视自己行为带来的益处，我们要坚信自己配得上行动带来的回报。

如果没有这样的信念，我们作为人的功能就会丧失，比如不会照顾自己，不能保护上天赋予我们的权利，无法满足自己的欲望，更不能享受自己的成功。

美国得克萨斯大学人类发展与文化副教授、自我关怀研究领域的先驱克里斯廷·内夫（Kristin Neff）认为，自爱是自尊的基础。虽然我们自身存在缺陷和不足，但我们仍会认为自己是有价值的，我们喜欢真实的自己，那么在这个基础上，我们就可以接纳自己的优点和缺点，认为我们是值得被爱和被尊重的。在经历挫折或失败之后也可以重新站起来。

斯坦福大学的心理学家就发现，采取负面及自我批评的心态不利于我们整体心理幸福感的建立，也让我们很难从失败中吸取教训，很难学习或成长。一些苛刻的字眼，如"我不够好"或"我今天做得很差"会启动我们的交感神经系统，并提高我们的压力激素皮质醇（cortisol）的浓度，而自爱则会解除我们在危机状态下的神经系统应激反应带来的不安感（insecurity）和防御性（defensiveness）冲动。同时，它也会启动自我安抚系统（self-soothing system），从而让我们产生满足感、依恋感和安全感，让我们感到被悉心关怀及照顾的感觉。

埃克塞特大学和牛津大学共同发起的研究表明，自爱还有利于我们的健康。研究人员将135名大学生分成五组，每组听一组不同的指令。对第一组进行体表同情扫描，让他们以感兴趣和冷静的态度注意身体的不同感觉；对第二组进行以自我为中心的爱心练习，让他们对自己和所爱的人进行积极的思考；第三组被要求听触发了他们内心的批判性声音的录音；第四组被放在一个积极但有竞争力和自我增强的模式中；作为对照，最后一组被要求想象他们在情感中立的环境中购物。

实验结果表明，听到爱的信息的一组，他们的心脏每分钟跳动的次数比那些消极的人少2～3倍。如果心脏跳动得太快，身体周围输血的效率就会降低，因此也会降低氧气的效率。随着时间的推移，心脏中的细胞甚至会因为缺氧而死亡，这就增加了心脏病发作的风险。

研究还发现，自爱导致不同参与者之间心率的差异更大，这说明心脏能够适应不同的情况。这些志愿者也很少出汗，过多的出汗是焦虑的表现。除了身体上的好处，那些听到积极指示的人反馈，他们对自己更有同情心了，并且与他人的联系更紧密。相反，那些被鼓励消极看待自己的人心率加快，出汗更多，这两种反应都是受到威胁的迹象。

由此我们可以得出结论，自爱可以帮助我们建立对自己的同情心，可以增强我们的免疫系统，这是给自己最好的康复机会，也让我们与这个世界以一种温暖的方式紧密联结。这就是自爱的魅力。

# 更好地爱自己，爱他人

　　那么，我们如何才能做到爱自己，发挥自爱的积极作用呢？

　　首先是善待自己，停止自责。当人们自责时，抵御诱惑的能力就会下降。自我感觉良好，对自己持有善意的、支持性态度的人，面对失败时，会有强烈的动机和自控力。

　　美国路易斯安那州立大学的心理学教授克莱尔·亚当斯和杜克大学的心理学教授马克·利里邀请了关注自己体重的年轻女性参加实验，以科研的名义鼓励她们吃甜甜圈和糖果。实验分为两项，第一项测试食物对心情的影响，第二项测试不同糖果的味道。第一项实验中所有女性都要吃甜甜圈并填写问卷以记录自己的感受。

　　在第二项实验糖果味道测试之前，一半的被试者会收到一条减轻她们罪恶感的信息："你们有时会因为吃了一整个甜甜圈而产生罪恶感，但不要苛求自己，要记住每个人都有放纵自己的时候。"另一半被试者则没有收到这样的信息。

　　糖果味道测试之后，研究人员给每个糖果碗都称了重，结果显示，收到特别信息的女性只吃了28克糖果，而因吃了甜甜圈产生了罪恶感的女性则吃掉了近70克糖果。因此，研究结果与常识大相径庭。常识告诉我们"每个人都有放纵自己的时候，不要对自己太苛刻"这种话会让节食者吃更多，但实际上摆脱罪恶感反而会让她们在味道测试时不去放纵自己。

其次是不要过分爱别人。人们往往倾向于关怀、包容、理解他人，却忽略了自己。克里斯廷·内夫做过一项调研，结果证明世界上78%的人对别人比对自己好，只有2%的人对自己更好，20%的人则对别人和对自己相差无几。

人本主义哲学家和精神分析心理学家艾瑞克·弗洛姆在他风靡全球的著作《爱的艺术》中提出：自爱是爱他人的基础，对自己的生活、幸福、成长以及自由的肯定是以爱的能力为基础的。这就是说，如果一个人有能力爱他人，爱世界，那他必然也爱自己，但如果他只爱别人，那他就是没有爱的能力。人无法给别人自己没有的东西。

杰出的心理治疗大师斯科特·派克（M. Scott Peck）医生认为很多人对别人好，可能是一种自我牺牲。斯科特·派克医生根据自己的从业经验，写了在《纽约时报》畅销书排行榜连续上榜近20年的《少有人走的路》，创造了出版史上的一大奇迹。

他在这本书中记录了一个案例。有一位牧师，他的妻子患有慢性抑郁症，两个儿子上了大学，整天无所事事。牧师不得不带全家人接受心理治疗，家人都成了患者，牧师的苦恼可想而知，但他不认为家人的病情与自己有关，他愤愤地说："我尽一切力量去照顾他们，帮他们解决各种问题。我每天一醒来，就要为他们的事操心，我做得还不够吗？"的确，为了满足妻子和儿子的要求，牧师可谓殚精竭虑：帮儿子买新车，支付保险费；他和家人住在郊区，他讨厌进城，也不喜欢听歌剧，可是每个周末，他都会陪妻子进城去听歌剧或看电影；他的工作很忙很累，然而只要回到家里，他就会成为好丈夫和好父亲，比如，他坚持为妻子和儿子收拾房间，因为他们从不打扫卫生。然而，在牧师无微不至的照顾下，一家人却都很痛苦。

听了斯科特·派克医生的建议后，牧师意识到，爱绝不是无原则的接受，爱也包括必要的冲突、果断的拒绝、适当的批评。要让家人获得健康，就必须先自爱，学会自我照顾。

于是牧师不再对家人有求必应，而是把更多的注意力放在了自己身上，不久之后情况就有了变化：一个儿子回到大学就读，另一个儿子找到了工作，妻子也感受到独立的好处，心灵由此获得了成长。牧师本人则大大提高了工作效率，感受到了人生真正的快乐。

爱得过分，还不如不爱；该拒绝时却一味给予，不是仁慈，而是伤害。照顾有能力照顾自己的人，只会让对方产生更大的依赖。爱别人首先要爱自己，当你真正爱自己的时候，爱才能迁移到别人身上。

最后，找到一些善待自己的方式。这里介绍三种方式。其一，学会原谅自己。事情未必每次都能成功，你也不一定能够马上享受到做完一件事情的好处，但这不代表你的努力是白费的。其二，练习自我倾诉。不如意的一天过后，你可以记下一些想对自己说的话，并尝试反思，看看自己能否对身边的人说这些话。当负面想法在脑海中飘过时，我们难以分辨这些想法，把它们记录下来，我们便能够意识到这些想法可能带来的伤害。其三，如果实在难以忘记那些伤心的事情，那就善待自己的感官——闻一闻花香，听一听轻松的音乐，按摩自己的身体，欣赏门外的风景，等等。花一些时间去探索最适合你的方法，很有可能你已经有了一些善待自己的好方法。

> **？**
> 问自己
>
> 1. 你身边有没有人牺牲自己，一心为别人，却不能换来对等的亲密关系？你认为问题出在哪儿？
> 2. 找出你周围有自爱特质和有自恋特质的人，分析一下他们的区别。

了解更多的心理学研究

作为精神分析学派的创始者，弗洛伊德尽管已经开始讨论自爱的话题，但他依然没有将自爱与自恋这两个概念做出区分，依然将自爱定义为一种利己的罪恶。而后作为社会心理学的倡导者，霍妮则明确地提出了自爱与自恋是两种完全不能等同的概念。她指出"一个有明显自恋倾向的人虽然没有能力去爱别人，但需要人群作为倾慕和支持的来源"。心理学大师罗杰斯说"爱是深深地理解和接纳"，自爱也是这样，理解自己，悦纳自己。唯有自爱，才能有能力爱别人，这已是心理界的共识。

↓

# 第23章

# 兴趣：从感兴趣到福流体验

↓

兴趣爱好绝对是很重要的，它可以让我们开心，可以滋润我们的生命。不论是大人还是儿童，兴趣让我们有一种积极的体验，产生积极的心理力量，痛苦的时候，这种力量可以支持我们走出困境。

# 兴趣从何而来？

几乎每一个人都有自己的兴趣，但极少数人的兴趣是天生存在的。儿童的兴趣与父母亲有很大的相关，这就是我们常说的耳濡目染，潜移默化。父母的兴趣爱好，对孩子有直接的影响，也可能会成为孩子的兴趣爱好。父母爱好读书，孩子一般也会很喜欢安安静静地阅读；父母爱好唱歌，孩子唱得也不错；父母爱好艺术，孩子一般也会对艺术非常感兴趣。

有研究发现，孩子的兴趣与亲生父母亲的兴趣相关性很大，但是收养的孩子和养父母的兴趣相关性就不太明显。这是兴趣受遗传影响的说法的有力证明，但实际上，后天的影响更大一些。

现代心理学理论指出，兴趣是后天形成的。它是人们经过各种努力而达成的结果。只要你努力，就能得到一定的收获，就会产生自我成就感，增强自信心，进而产生兴趣。所以说，兴趣往往是在做了努力之后才产生的。对父母而言，最重要的是让孩子有更多不同的经验，能够去发展自己的兴趣。大量的调查结果表明，人们的职业兴趣大概在高中或者高中以后才会正式形成。一个温暖和谐的家庭，会让孩子形成以人为中心的职业兴趣，比如说爱护和照顾他人，创造美和欣赏美等。而一个冷漠孤僻的家庭，孩子会形成以事为中心的职业兴趣，比如档案管理、人员调配，等等。所以说，兴趣可以看作是人们在从事某种活动时，受到了不断强化的结果。

约翰·霍兰德（John Holland）是美国约翰斯·霍普金斯大学的心理学教授，也是美国著名的职业指导专家，于1959年提出了具有广泛社会影响的职业兴趣理论。他认为人的人格类型、兴趣与职业密切相关。霍兰德认为职业兴趣可分为6种：现实型，如技工、修理工、农民；研究型，如教师、工程师；艺术型，如演员、画家、作家；社会型，如家政服务人员、社会服务人员；企业型，如营销人员、项目经理；常规型，如会计、办公室文员。

# 兴趣与创造力

兴趣让我们的工作更有创造力。有证据表明，有兴趣爱好的科研工作者的诸多生理和心理指标，从降低血压到提升幸福感，都优于没有兴趣爱好的对照组。世界上众多科学家说过，他们的兴趣为他们提供了一个重要的放松渠道，同时还能获得成就感和满足感，偶尔也会从中得到启迪，获得创新灵感。2019年一项名为"当缪斯罢工时"的研究发现，物理学家和作家的创造性的见解往往是他们在锻炼、洗澡、剪草坪或做体育运动时获得的，这些兴趣活动让他们的大脑有了漫游的自由。

可惜的是，尽管兴趣爱好的好处如此之多，依然有很多人把兴趣爱好视为"不务正业"。调查显示，学术研究科学家经常超负荷工作。2016年《自然》杂志进行的一项调查显示，超过1/3的研究人员每周的工作时间大于60小时。对此，加拿大阿尔伯塔大学主管研究的副校长亚历克斯·克拉克（Alex Clark）说道，关键是不要因为除了研究工作还有其他兴趣爱好而感觉不好，我们有必要摒弃将爱好和工作对立起来的观念。

其实，一旦兴趣被激发，人就会伴随着愉快而紧张的情绪和主动的意志去努力，积极地探索世界。毫不夸张地说，兴趣对于事业有着无可比拟的作用。美国著名心理学家克里斯托弗·彼得森教授做过一项调查发现，凡是能够把自己的兴趣与所从事的职业进行匹配的，其成功的概率会大很多，因为人做自己喜欢做的事情，会有无限的能量，充满创造力、想象力、行动力和执行力。

# 创建兴趣

我自己就很幸运，可以把感兴趣的心理学当成我一生的事业。但很多人不知道的是，我一开始对心理学一点儿兴趣也没有，甚至不知道什么是心理学，我经历了一段漫长的创建兴趣的旅程。

1979年，我从湖南岳阳考入北京大学。读初中时，我对地震研究很感兴趣，我还发明了一种简单的地震检测仪。把一个电极圈放在一块平板上，中间放一个酒瓶子，每当平板震动，瓶子就会掉落，撞击电极圈，电极圈连着一个闹铃。有意思的是，第一天地震检测仪就响了，把左邻右舍都惊动了，后来发现原来是老鼠把瓶子撞倒了。因为对物理感兴趣，我报考了北京大学物理学系和地球物理学系。

没想到的是，高考后，我竟然收到了心理学系的录取通知书。那时，北京大学心理学系刚成立，没有学生报考，只能从各个院系调剂学生。招生老师告诉我心理学和物理学差不多，都是理学。

其实，我到了北京大学之后，一开始不喜欢心理学，所以第一次普通心理学考试，我只考了60多分，很多同学都考了60多分，因为大家都是理科生，不熟悉心理学。后来在学习过程中，我发现心理学还是非常科学的，特别是生理心理学、心理测量学，那时候还没有认知心理学，都叫普通心理学。我特别喜欢实验心理学，所以慢慢地就喜欢上了心理学。

后来我认真去图书馆找寻心理学的书籍来了解这个学科。当时恰逢1979年，是德国心理学家、哲学家威廉·冯特创建科学心理学100周年，也是心理学成为一门独立的科学100周年。当年的《心理学报》专门在《光明日报》登了一个本期目录，有荆其诚教授的颜色光谱分析，还有老鼠动物学习模型。荆教授被誉为20世纪80年代以来推动中国心理学改革开放、走向世界的杰出代表人物。我看后觉得心理学特别符合自然科学，和理科差不多，所以决定继续学。

1984年我在北京大学当助教时，接待过一个密歇根大学的访问教授，就是我后来的导师理查德·尼斯贝特教授。他在北京大学给我们讲社会心理学，那是我们第一次知道什么是社会心理学。

尼斯贝特教授是实验社会心理学出身，而我们是理科出身的人，所以很喜欢做实验，我在北京大学教的第一门课就是心理测验。我对他的课特别感兴趣。我本来上课从来不记笔记的，但对尼斯贝特教授的课，我可以全神贯注地记出密密麻麻的笔记。很多年后，我才知道我的这种状态就是福流，说明我真正对心理学产生了兴趣。

所以，我们在发现兴趣的道路上，要尽量保持开放的态度，遵循内心的感受。如果你能感受到福流，那么，在做的这件事就是你的兴趣。

# 兴趣与福流

那么什么是福流呢？历时15年，美国著名心理学家米哈伊·契克森米哈伊调查了600多人获得成功的原因，他发现，这些人能够把自己的事业做到极致，不是因为他们的智商、情商比别人高，也不是因为家境、学历比别人好，而是因为他们特别擅长做一件事情——在做自己特别喜欢做的事情时，能够沉浸其中，物我两忘，心无旁骛。米哈伊把这种体验叫作"flow"。关于福流，我们会在本书第30章详细讲述。

做什么样的事情容易产生福流的体验呢？我们发现，当人们做自己喜欢的事情时，最容易产生福流。喜欢摄影的人，为了捕捉美景，可以半天不动，因为他能够沉浸其中。有些人喜欢运动，跑步、锻炼时也可以产生福流。当人们进入一定状态之后，可以忘掉时间，忘掉空间，特别快乐，而且很欣赏这个动作本身。最后，完成这件事，还会有一种酣畅淋漓的快感。孔子说："知之者不如好之者，好之者不如乐之者。"同理，学习知识或本领，知道它的人不如爱好它的人接受得快，爱好它的人不如以此为乐的人接受得更快。兴趣最重要的就是一种享受其中、发自内心的喜爱。

# 如何从兴趣走向福流？

我们该如何发现兴趣，培养兴趣，甚至走向福流呢？

第一步，开放心态，不要浅尝辄止。斯坦福大学心理学家卡罗尔·德韦克（Carol Dweck）的一项研究表明，比起寻找兴趣，培养自己对一件事的兴趣更重要。美国著名心理学家安吉拉·达克沃思（Angela Lee Duckworth）也认为，兴趣不仅仅是喜好，也包括坚持。一开始，我们对事情没兴趣，可能是因为我们不了解，等我们逐渐了解并掌握一定的技术，会觉得通过自己的努力可以战胜困难，可以使事情变得有趣，我们对这个事情才会更感兴趣。因此，成功反馈其实是兴趣形成的一个重要因素。

当然还有一种可能性，当我们做完一切之后仍然不感兴趣，那就放弃，说明我们确实对这个东西没有兴趣。

第二步，专注当下，倾听福流的声音。我们在尝试了解一件事的时候，需要专注当下，感受内心。心理学提倡专念练习，体验福流，培养乐趣。做一件事情的时候，我们能够清晰地意识到这个事情的过程。比如在练习乐器时，与其三心二意地敷衍了事，不如静静地感受指尖划过琴弦时因震动而发出的悦耳的琴声，你甚至可以感觉到琴声仿佛在指尖流淌，这就是专念。我们把这种心理状态叫作专念状态，就是你专心致志、关注当下的体验。如果你感受到了福流，那么恭喜你找到了心中所爱。

如果体验过福流，那么时间会成为祝福，让你把喜欢做的事情越做越好。祝大家都能有自己真正的兴趣，活出精彩的人生。

问自己

1. 你有没有特别感兴趣、且非做不可的事情？

2. 你身边有没有除了玩手机，对什么都不感兴趣的孩子？分析一下他的情况，为他制定一个培养兴趣的计划。

了解更多
的心理学
研究

希迪和雷宁格提出了一个描述个体如何发展特定兴趣的模型。该模型分为四个阶段：触发情境兴趣、维持情境兴趣、发展的个人兴趣和成熟的个人兴趣。这个过程从最初的外部刺激逐渐转变为内在动机和长期的参与。西尔维亚的理论强调了兴趣与认知评价之间的关系，认为兴趣的产生是认知评价的结果，当个体认为某个对象或信息是新颖的、复杂的、不确定的或与已有知识相矛盾时，更容易激发兴趣。随着对兴趣研究的不断深入，我们将更好地理解如何激发和维持个人和集体的兴趣，以促进个人成长和社会发展。

↓

# 第24章

# 平静：让自己淡定的三类策略

↓

哈佛大学医学院的精神病学副教授马丁·泰彻（Martin Teicher）曾经做过一项长达10年的实验研究，他发现，心态平静的家长，培养出的孩子更有归属感、亲密感、同情心、价值感，待人和善，有爱心；相反，如果家长情绪不稳、暴躁，孩子长期遭受父母的言语打击和情绪暴力之后，智商会降低。这一伤害可能无法逆转，所以马丁说："父母无法通过甜言蜜语来弥补那些伤害性的话。"由此可见，成人的平静心态影响孩子一生的命运。

# 静者心照

在积极心理学中，平静指的是一种身心平衡、和谐安全的状态，它不仅是一种生理反应，还是一种平心静气的心理状态。所以，平静也可以理解为平心和静气，二者之间是和谐统一的。

著名教育家、学者南怀瑾说过："人间最大的修行是红尘炼心。"所以，做人、做事、修行，心是最重要的。中国的心学，强调世间万事万物以心为主，"我心即宇宙，宇宙即我心"。世上无心外之物，人间无心外之理。所以，心是中国传统文化的核心元素。清华大学著名的教授梁启超先生，也是校训的撰写者，当年在清华园里面，教的是佛学心理学，提出了"静者心照"。比如说，风吹幡动，不离风，不离幡，不离心。若离风则幡不曾动，若离幡则不见风动，若离心则不知何为动，风动幡动不如心动。有的人看不见幡动，是因为心不动。若心不动，你就看不见幡动。所以，以心照物，而静者心照。要成为一个不惑、不忧、不惧的君子，心静的修行必不可少。

社会心理学有一个"费斯汀格法则"，验证了这一事实。

美国社会心理学家费斯汀格（Leon Festinger）根据观察，得出了一个著名的判断：生活中的10%是由发生在你身上的事情组成的，而另外的90%则是由你对所发生的事情如何反应所决定的。也就是说，所思即所见，所见即所得。因此，内心平和的人，在面对生活的不顺心时，能保持冷静，避免沉浸在消极的想法和情绪中无法自拔，从而保持一种积极的心态，看淡一切，反而赢得了生机。这也就是为什么大学之道提倡：知止而后有定，定而后能静，静而后能安，安而后能虑，虑而后能得。

事实也是如此。平静，让人有创造力。美国畅销书作家、媒体战略家瑞安·霍利迪（Ryan Holiday）通过研究发现，历史上伟大的领导者、思想家、艺术家、运动员和作家大都具备一种闪光的品质，那就是"至静力"——一种能够帮助他们控制情绪、保持理智与专注、避免分心，同时加深认知力及洞察力的能力。这就是平静的力量。美国查普曼大学学者皮克·耶尔也很肯定平静的力量，他发现只有时刻保持内心的宁静，才能找到自己真正的人生方向，从而把世界看得格外清楚，获得内心的充盈。他说："每个人在骨子里，其实都需要一个留白的空间，一个停顿，就像一段音乐，正是有了休止符，才能让人产生共鸣。"

# 平静的人更健美

　　有科学研究表明，心情稳定、性情平和的人，心理健康水平较高，甚至连做梦都是美的。芬兰图尔库大学和瑞典汇武德大学的心理学家发现，梦境中的经历能反映一个人的心理健康水平。研究人员要求552名身体健康的志愿者连续3个星期填写清醒时心态状况的测量问卷，以此评估他们的情绪和压力水平。

　　志愿者每天早上醒来时，需要记录前一晚做梦的具体情况，并对梦中体验到的情绪进行评价。分析结果显示，心态平和的人在做梦期间的情绪更积极；焦虑程度高的人的负面情绪更多。研究人员表示，梦境中的内容是精神健康程度的衡量标准之一。心态比较平和的人在梦中，能比他人更好地调节自己的情绪；生活中容易焦虑的人可能正好相反。研究人员提醒人们，多注意提高情绪控制力和自控力，减轻焦虑，保持平静，可以帮助你做个稳稳的美梦。

# 为什么我无法安静下来？

　　生活中，很多读者会问："为什么我无法安静下来，心平气和地工作和学习？"

　　当遇到挫折、打击，以至痛苦、失落的时候，我们就容易失去平静，这是我们的本能反应。比如，有的人被指责、被批评时，脸会发烫，心跳会加速，呼吸会变得急促，恨不得找个地缝钻进去，这是肾上腺素的激增，让身体准备好逃离这个"危险"的地方，或者留下来保护自己。这就是应激反应状态，即"斗或逃"（fight or fleet response）。根据进化心理学的解释，"斗或逃"的反应可追溯到遥远的上古时代，我们的先祖遇到野兽时，会出现这种应激反应。已有研究认为，遇到危险情景时，我们的交感神经系统被激活，刺激肾上腺释放肾上腺素和去甲肾上腺素，从而引发心率、血压和呼吸频率的上升，体表血流量减少，而运往肌肉、大脑的血流量增多。因此，你可能脸色煞白，也可能满脸通红。在应激状态下，你全身的肌肉都紧张起来并随时准备做出反应，所以你也可能开始不由自主地颤抖。但是危险消失后，人体就回到了放松状态。古时候，大部分时间人类处于平静的状态，只有紧张的情况下，才会出现应激反应。然而，进化到现代社会，我们平和的状态越来越少，应激的状态越来越多，这会带来很多心理和生理上的问题。

应激状态下，我们总是专注于细节，特别是充满了敌意、风险和危险的细节，看不到大的格局。但是当我们平静的时候，我们的注意力是广阔的。有心理学家发现，当人们进行三个月的正念冥想训练之后，思路会变得开阔，而不是只注意一些细节。

虽然应激状态是人体的一种自我保护机制，让我们远离危险，但我们发现，当一个人平静时，对身体能量的管理会变得有效，更容易处于一种身心放松的平衡状态，避免生理和精神的内部损耗。平静能让我们用积极的眼光看待周围的世界，发现生活中的美好，因而能够促使我们体验到更积极的情绪，采取更积极的行动，保持和外部世界更良性的互动，进而得到更多的幸福体验。因此，心理学家建议，人们在做决定时，尽量选择在平静淡定的时候，与人交流同样如此。

# 摆脱"二手焦虑"

除了使自己处于应激状态，"二手焦虑"也使我们很难保持平静的状态。人是社会性生物，应激状态很容易被感染。美国心理学家杰罗姆·凯根（Jerome Kagan）和哈佛大学社会心理学家艾伦·兰格（Ellen Langer）曾做过类似的研究，两人的研究结果均发现，有15%～20%的人类属于高敏感人群，在我们身边，每4～5个人中便会有一个人容易处在不稳定的情绪中。我们看见别人紧张，我们也会紧张，看着别人焦虑，我们也会焦虑，这就是"二手焦虑"。从这个意义上说，要培养一个情绪稳定的孩子，父母心平气和是关键，因为孩子能够很快地接收到父母的情绪信号。

由于心理或生理的一系列原因，越来越多的人受到焦虑症的困扰，长时间被禁锢在焦虑症的牢笼中孤立无援，经常出汗、气短气急、心跳加快、发抖，甚至常有绝望的感觉，这些因素也让人很难安静下来。

平静的状态似涓涓细流，有着源源不断的生命力量，我们如何获得平静的生命力呢？有一些很简单的方法。

第一个方法是冥想。进化心理学家、全球百位最具影响力思想家之一的罗伯特·赖特（Rober Wright）经过多年的研究与实践发现，正念冥想可以让人平静。正念冥想的作用是训练与各种感觉的剥离。静坐冥想，进入正念的状态时，就关闭了我们头脑当中的默认模式。当我们能够把这个默认模式降低，进入一种深度的安宁中时，有人能够获得极乐和狂喜。赖特说，他曾经在很多次长时间静坐之后，获得了那种充满快乐的感觉。

美国知名神经心理学家、临床心理学博士，自我导向型神经可塑性研究领域权威专家，现任加州大学伯克利分校至善科学中心高级研究员的里克·汉森（Rick Hanson）博士也是冥想的积极推动者。汉森博士从1974年开始冥想，并在世界上多个冥想中心任教。他的研究发现，冥想能够让我们的大脑回路产生不一样的感觉，重新创建神经回路。

第二个方法是深呼吸。我们把气慢慢地吸进来，通过鼻子，通过心肺，让身心能够慢慢地平静下来。

第三个方法是积极的思维。多去想一些让我们感到愉悦、快乐的事情，能够很快地放松下来。

"无论海角与天涯，大抵心安即是家"。任何身心合一的练习，比如武术、太极等，都可以让我们收获内心的安定从容。

1. 你最近一次感到内心平静是什么时候？找一个合适的场景，花半小时让自己沉浸在纯粹的平静状态中，记录下自己的感受。

2. 你有暴躁的亲友吗？列出三个可以帮助他调整情绪的办法。

了解更多
的心理学
研究

虽然平静可能没有像幸福或快乐这样被广泛研究，但一些实验研究探讨了自然环境对人们心理状态的影响。另有一些研究也表明，听某些类型的音乐可以促进平静。

麻省理工大学的大卫·佛斯特（David Foster）和马修·威尔逊（Matthew Wilson）教授曾经做过这样一个实验：他们在老鼠处在迷宫中及脱离迷宫后，分别对它们进行了脑扫描。最后发现：真正的学习阶段，是当老鼠尝试分辨什么才是重要的、什么要舍弃、什么要保留时。他们的实验表明，接连不断地反复进入迷宫的老鼠，比进入一次迷宫后稍做放松的老鼠，学到的少得多。为什么呢？因为安静会带来思考，当小白鼠思考或者人类思考时，会在大脑内回放前面的经历，继而让这种经历更容易被保留，即被记住。所以，平静与休息的重要性不能被忽视。

# 第3篇

## 道德情绪篇
### ——用道德情绪铸就意义人生

↓

## 第25章

# 同理心：为什么我们会
# 为影视剧流泪？

↓

如果你在路上看到一个小朋友在哭，你会做什么？

30年前，萨提亚·纳德拉（Satya Nadella）在微软公司面试，一位面试经理问他这个问题。萨提亚的回答是："我会叫警察。"经理对他说："你是一个需要培养同理心的人，在路上看到一个小孩哭，你应该做的第一件事是把他抱起来。"

这场面试改变了萨提亚一生的命运。进入微软后，萨提亚用22年的时间做到了这家科技巨头公司的CEO，并被认为是微软最聪明的工程师之一。他上任后第三年，微软市值翻番，达到了17年来的历史新高。萨提亚认为，自己取得的成绩很大程度上要归功于同理心。他在员工大会上不止一次讲过这件事，提醒大家掌握工具和信息时，怎么能够设身处地地为用户着想。

萨提亚用他的同理心刷新了微软的企业文化，他与比尔·盖茨最大的不同在于，盖茨不是那种会说"嘿，做得好"的人，而是会经常说"我来讲讲你们今天做错的20件事情"，而萨提亚是"烂泥潭里发现玫瑰花瓣"的鼓励者——这就是同理心的力量。萨提亚曾说："对于合作和建立关系来说，感知别人的想法和感受是一种至关重要的能力。"

# 什么是同理心?

同理心,英文叫作"empathy",是我们能够感受到别人的感觉、感情和感受的能力。研究发现,一岁的孩子就能感受到别人的痛苦而去安慰他人,两岁半的孩子会开始猜测别人的心理。所以,同理心是我们社会关系的基础,是道德的心理基础,也是文明的象征。能够理解别人的感受,人就有了自控之心,能够自觉控制自己的欲望冲动和本能。有了这样的能力,人的道德心随之而来,自觉做到"己所不欲,勿施于人"。这就是同理心的价值,它是良知的基础。

说起道德,我们可以为了不让朋友受伤害而说一些善意的谎言吗?为了不让父母担心,我们应该报喜不报忧吗?在美国心理学家、纽约大学心理学名誉教授马丁·霍夫曼(MartinL. Hoffman)看来,这类道德问题的答案在于同理心,他认为同理心中设身处地为他人着想的力量,促使人们遵守一定的道德准则。也就是说,如果真实的感情会伤害你爱的人,那么最好把它隐藏起来,代之以伤害没有那么大的"善意谎言"。

同理心也是解决冲突的入口。心理学家发现,无论在人际交往中发生什么问题,只要你将心比心,尽量了解并重视他人的想法，就容易找到问题的解决方法。尤其在发生冲突和误解时，当事人如果能够把自己放在对方的处境中想一想，也许就可以了解到对方的立场和初衷，进而求同存异、消除误会。有了同理心，我们将不会处处挑剔对方，抱怨、苛责、嘲笑、讥讽便也大大减少，取而代之的是赞赏、鼓励、谅解、扶持。这样一来，人与人的相处就变得愉快、和谐。在未来，人工智能可能取代很多人的工作，但拥有同理心的人，能以出色的沟通和斡旋的能力，在竞争中获得不可取代的优势。

社会学家发现，同理心的形成是人的社会化的一个重要环节，而社会化则是一个人发展与成功的前提。研究表明，同理心较强的孩子更善于解决问题，往往表现出积极的社会行为，比如互相分享、互相帮助。而同理心较差的孩子则倾向于出现反常的、不可控的激进行为。美国杜克大学和宾夕法尼亚州立大学曾经针对同理心做了一项持续20年的研究，他们跟踪和记录了750个孩子的成长过程，发现在幼儿时期就更有同理心的孩子，长大后大多进入了一流学校，顺利毕业，并获得了不错的工作。

# 同理心的积极作用

华盛顿大学医学院生物工程教授约翰·麦地那（John Medina）通过研究证明，同理心可以改变一个人的学习成绩。他说："大多数人都不知道，当一个孩子开始接受同理心训练或在实际经过测试的少数几个地方接受培训时，你会看到成绩方面的一些非同寻常的变化，这就说明了同理心在学习方面的作用，是不可或缺的。"华盛顿大学医学院的精神病学家也证实，一个孩子感知到的同理心越多，他们就越善于社交，未来也会越幸福，也越容易养育出具有同理心的下一代。

心理学家发现，人类大脑中有两种不同的同理心，就是"情感同理心"和"理性同理心"。情感同理心是在感受到别人的情绪时产生的。情感同理心丰富的人，往往就是那些观看恐怖电影时感到恐惧，或者看到悲伤场景会哭泣的人。理性同理心，是在试着以知性的角度理解别人的情绪时产生的。理性同理心丰富的人，就是那些更理性的人。实证研究发现，最高效的领导者往往理性同理心高，而情感同理心低。

这两种同理心都可以为我们的生活赋予意义，真正安慰处于困境中的人。但如果使用不当，它们也会造成很大的伤害，让我们陷入同理心的陷阱，充满疲惫和冷漠，使我们无法帮助到那些真正需要帮助的人。耶鲁大学的心理学家保罗·布鲁姆（Paul Bloom）讲述了一个虚构的故事：一名叫谢里·萨默斯的10岁女孩患有一种致命的疾病，医生将谢里列入了一个等待名单，等待一种可以减轻她的痛苦并有可能延长她生命的治疗方法。

想象一下这种感觉，以及它将如何影响谢里的生活。如果你有机会把她排到名单的第一位，让她不再等待，你会怎么做？

在布鲁姆的研究参与者被告知这个虚构的故事后，他们的同理心被激发了，四分之三的人都把她从名单上前移，让她能更早地接受治疗。然而，正如布鲁姆指出的那样，这样做意味着名单上本来排在她前面的每一个孩子都要等待更长的时间，其中许多人可能比她更紧急。

这就是心理学家所说的"可识别受害者效应"，就是受害者的可识别性造成的人们对其帮助行为增加的现象。虽然需要帮助的人数很多，但是人们经常着迷于具体的、可辨别的受害者信息。简单来讲，我们会对一个不幸的人充满怜悯，却对一堆需要帮助的数字无动于衷。

# 如何明智地展现同理心？

　　生活中，我们会把大部分同理心用在亲近的人身上。选择性地使用同理心可能会被视作袒护行为。美国西北大学凯洛格商学院管理与组织副教授亚当·韦茨（Adam Waytz）与芝加哥大学教授尼古拉斯·艾普利（Nicholas Epley）合作的研究中，想要考察参与者如何对待恐怖分子这一社会评价极为负面的边缘群体。他们将参与者分成两组，一组与朋友坐在一起，从而激发同理心，另一组与陌生人坐在一起。

　　对恐怖分子进行描述后，研究人员询问参与者在多大程度上同意将恐怖分子视为次等人并对其实施水刑，以及是否愿意对其进行电击。结果显示，与朋友坐在一起的参与者，明显更愿意折磨恐怖分子。

　　研究人员说："虽然这项研究中的情境较为极端，但生活中常有类似现象。"对下属和同事的同情，可能激发对他人的攻击性。更常见的是，内部人根本不想对外人怀有同理心，对"自己人"的同理心可能损害一视同仁的公正心，这很可能使我们失去跨部门或跨组织的合作机会。

　　那么，我们如何明智地使用同理心呢？

首先要学会换位思维。比如进行跨文化沟通，尽量了解对方的心理，极力追求共通之处，这就是碰撞的心声。"喜怒哀乐愁、欢仇悲欣忧"是全人类共通的情感。同理心并不要你迎合别人的感情，而是希望你能够理解和尊重别人的感情，希望你在处理问题或做出决定时，充分考虑到别人的感情以及这种感情可能引起的后果。同样，同理心也能让别人理解自己。别人怎么对你，其实有一部分也是你教会的。真情流露的人，才能得到真情回报。

这种同理沟通的能力，其实是每个人成功的软实力。一个国家、一个地区，甚至一个人，最重要且最稳定的影响力是感动、感化、感召别人的能力，绝不是吓唬、震慑、强迫别人的能力。

其次，我们可以多多欣赏文学和艺术作品。法国著名作家罗曼·罗兰曾经说过："艺术的伟大意义，基本上在于，它能显示人的真实感情、内心生活的奥秘和热情的世界。"理解这种情感、行为和社会生活，能够潜移默化地提升我们的同理心。经常陪孩子阅读文学作品，欣赏艺术作品，不是简单地提升他们的文化水平，而是提升他们的同理心，从而培养他们的社会能力。

**问自己**

1. 面对竞争对手或者老找自己麻烦的人，尝试运用一下同理心，问自己会不会改变决策？

2. 回忆一件自己缺乏同理心的事情，与一件自己具有同理心的事情做一下对比，列出三条差异。

**了解更多的心理学研究**

关于同理心的神经机制研究，科学家们使用功能性磁共振成像（fMRI）来探索当人们观察他人遭受疼痛时他们大脑的反应。关于利他行为的实验，研究人员探讨了被试在体验同理心后，是否更倾向于进行利他行为。未来对同理心的研究可能会探讨如何有效地在不同年龄段、文化背景和社会环境中培养同理心，以及如何量化同理心的长期影响。此外，随着神经科学技术的进步，未来的研究有望揭示更多关于同理心的神经机制，甚至会有研究者将其用于脑机接口。

↓

# 第26章

# 感恩：主动感恩还是
# 被动感恩？

↓

你知道吗？感恩可以帮助人们减肥。2009年，美国罗切斯特大学的兼职教授苏珊·皮尔斯·汤普森（Susan Peirce Thompson）利用核磁共振大脑成像技术进行的一系列研究发现，常怀感恩之心的人，下丘脑的活跃水平明显高于其他人。下丘脑是身体控制中枢之一，负责调节各种身体机能，包括饥饿、睡眠、体温、新陈代谢及身体的生长。这意味着感恩能促进新陈代谢，使其他自然的身体机能运行得更为顺畅。研究结果表明，这类人除了新陈代谢功能得到提升之外，饮食中摄入的脂肪量也平均降低了25%。

　　感恩是积极心理学中一种重要的情绪，是对生活中美好事物的感激和欣赏。我们发现，怀有感恩之心的人，身体更健康，觉得自己的运气更好。积极心理学创始人马丁·塞利格曼非常强调感恩对幸福感的影响。他经过研究发现，练习感恩是一种简单易行的、能够持续提升幸福感的方式。事实上，后来有许多学者都证明了练习感恩能够抵御抑郁、焦虑等不良情绪，维护心理健康。

　　前哈佛大学医学院研究员、神经生理学博士川崎康彦经过研究发现，感恩不仅能让人心灵安定，还会带来五点好处：增加人与人的亲近感、信赖感，消除压力，增强幸福感，抑制血压上升，提升心脏机能。当我们受人感谢或主动感谢别人时，催产素的分泌就会促进。催产素还能增强同理心，有益沟通，是形成良好人际关系的助推器。

# 先感恩，后成功

　　人们普遍认为感恩是成功之后的事情，现实生活中，一个人取得成功之后必感恩是很常见的现象。但我们现在发现，感恩之心其实是逆境中的生机。我和我的学生刘冠民博士发现，感恩之心往往与一个人强大的自尊水平、同理心、合作取向有直接的关联。而这些心理品质恰恰是一个人能够得到帮助，从而走出困境、获得成功的关键因素。用通俗的话来说，不是因为别人帮助了你，你应该感恩，而是因为你感恩，才容易得到别人的帮助，因为感恩之心强的人容易让人喜欢，其实也就是有更多走出逆境的可能性。

　　美国加利福尼亚大学心理学教授、《积极心理学杂志》主编罗伯特·埃蒙斯（Robert Emmons）博士将感恩比喻为"成功花朵的快乐种子"。他还认为，有感恩之心的人表现出高水平的积极情绪，如乐观和快乐，同时，他们的负面情绪较少，生活满意度高。此外，心存感恩的人在生活中有更大的目标感、更多的宽恕、更好的人际关系和更高的睡眠质量，这些都是成功所需的因素。世界著名实业家稻盛和夫表示，他就是凭借一颗感恩之心才走到了今天，在这样的价值观下才取得了如此的成就。由此可知，懂得感恩的人更容易成功。

获得成功后，我们更应该感恩，美国康奈尔大学的经济学和管理学教授罗伯特·弗兰克（Rober H.Frank）在《成功与运气》一书中表示，很多人的成功，带有很大的运气成分。因此这些获得成功的人应该带有一颗感恩和回馈社会的心，帮助其他没有他们那么幸运的人也获得类似的成功机会。弗兰克博士在书中强调运气非常重要，但并不否认努力的作用。事实上，绝大多数成功人士都是非常努力的。很多成功人士没有注意到的是，这个世界上像他们一样努力的人太多了，一个公平的社会，应该尽量给每个人平等的机会。如果你经过努力获得了成功，那么就应该有所回馈，让那些不如你幸运的人也有机会品尝到成功的滋味。

感恩也是人类灵性和善性的体现，它使人们意识到有一些在自身之外的他人的存在及自然的存在。这些存在给予人们很多的益处、善意和德行，同时人们也不觉得亏欠他人任何东西。所以，感恩之心不是什么特殊的技巧和方法，而是人类的一种复杂的、优雅的、道德的体验。因此，有人把感恩定义成心灵的回忆、人类的道德记忆，还有人把它称为"美德之巅"。

然而，人们经常把感恩之心和愧疚之心、亏欠之心联系在一起。愧疚之心或者亏欠之心，代表的是受惠人对施惠人的一种心理上和情感上的义务。这种愧疚之心和义务感在中国文化里面通常以报恩、报答体现出来。我们常说羊有跪乳之恩，鸦有反哺之义，动物尚且知恩图报，更何况是人呢？因此，报恩是有意义的，让人们互惠互利。这就是心理学上的互惠法则。

美国康奈尔大学心理学教授丹尼斯·雷根（Dennis Regan）做过一项有趣的实验。在实验中，一些自愿参加实验的人被邀请来给一些画评分，同时被分为两组。第一组实验人员在大家评画时出去买了一些饮料，分给评画的每个人，第二组实验很正常地进行，没有人外出买饮料。两组实验结束后，实验人员说自己在帮一个朋友销售一点彩票，问大家能否帮个忙，花几美元买几张。第一组参与者很爽快地答应了，而第二组参与者千方百计地拒绝了这个请求。

由此，雷根教授提出了著名的"互惠法则"，他认为，小恩小惠会给人造成一种负债感，而这种负债感会使人们更轻易地接受在平时可能会拒绝的要求。雷根教授的互惠实验表明，人们由于接受他人的小恩小惠而产生了负债感之后，就会产生强烈的"我必须也为他做点什么"的偿还想法，哪怕对自己讨厌的人也是如此。按照进化心理学的观点，互惠法则具有进化上的适应性，在人类进化过程中，最有可能生存下来的人，是那些能与邻居互惠互利、守望相助的人。也就是说，知恩图报其实塑造了人类社会的美好价值观。

# 感恩 ≠ 报恩

尽管互惠心理是人类的本能，但是，感恩本身并不牵扯任何报恩的因素。认识到别人的恩惠是一件幸福的事情，但如果意识到我们自己是被迫去做的，就是一件痛苦的事情。所以，报答之心有时候会驱使受惠的人对施惠人产生回避或者不满的心态，这就是所谓的恩将仇报。因此，报答与感恩的体验是不同的。

当前有些感恩教育过于强调"报答之心"的意义和作用，特别是给年轻人灌输"感恩教育"，就是所谓的"报答教育"。这其实是一种思想控制，而不是培养感恩的心态。真实的感恩不是为了感人，而是对人们所拥有的东西的一种满足，是一种快乐的、轻松的、幸福的体验，它伴随的是心理的放松，而不是心理的压力。如果人们的感恩之心是真实的感恩，而不是报答的义务，人们应该能体会到一种快乐、神圣、热情、同情，而不应该感觉到丝毫的压力、焦虑、伤心、孤独、后悔、嫉妒，因为所有这些都是和感恩之心不相容的情绪体验。

那么，我们应该如何培养真正的感恩之心呢？

第一，每天记录值得感恩的事情，回顾自己生活中的美好事物。这样的感恩日记能够增加人们的心理动机，将感恩的心融入每一天的每一件小事当中，让人们能够忘掉痛苦和疲倦。

第二，写一封感恩的信，或者打一个感恩的电话。美国社会学家亚瑟·布鲁克斯（Arthur Brooks）建议："用信件或电子邮件向你所爱的人或同事表达感激之情，让（表达感激之情）像早上喝咖啡一样成为一种习惯。"永远不要低估你的感激之情会对他人产生的积极影响。发表在《心理科学》上的一项研究表明，许多收到感谢信的人会感到欣喜若狂。

所有让我们开心的事情都值得感谢。当然，我们还要多想想自己的进步、提升、价值和贡献，给自己写一封充满感激的信，表达对自己的善意。自我关怀、爱己及人让我们感受到与他人、与世界的联结，因而更可能激起感恩之情。当你写完这封信，一定要反复阅读，充分感受这封信中的爱、关怀和接纳。

第三，养成回馈社会的习惯。这种回馈不是简单地回报给我们施恩的人和事，而是效仿他的精神和行动回馈社会、回馈其他人。真正有道德的、善良的施恩人，都不是施恩望报之人，他不希望也不需要别人的回报，但肯定很乐意看到其言行对于别人的积极影响。让爱流传开来，才是感恩的真实意义。感恩不是一种回报和义务，而是一种感染和升华。培养我们感恩之心的真正意义，就是我们对社会或其他人的回馈。当我们把自己的注意力集中在我们和别人之间积极的一面时，彼此之间产生的就是我们通常所说的正能量。

**问自己**

1. 列出过去一周自己应该感恩的十件事情，并制定一个感恩计划。

2. 把你做过的、被人表达感恩的事情写下来，分析一下。

**了解更多的心理学研究**

心理学研究了使用感恩作为一种心理治疗工具，对个体应对抑郁、焦虑和压力的作用。在学校中实施感恩教育计划，教育学生如何培养感恩的态度，以增强他们的社会技能和情绪福祉。在职场中推广感恩文化，以提高员工的满意度和团队的合作精神。未来将研究感恩干预的长期效果，特别是对心理健康、幸福感和人际关系的持续影响；探索不同文化背景中感恩的表达和体验方式，以及文化因素如何影响感恩对个体心理的作用；还会深入研究和探讨感恩与大脑活动、荷尔蒙水平和免疫系统功能之间的关系。

↓

# 第２７章

# 敬畏：为什么孔子提倡君子三畏？

↓

积极情绪最杰出的研究者、心理学家芭芭拉·弗雷德里克森教授在《积极情绪的力量》一书中写道："当你偶然发现一尊巨大的神像，那种油然而生的肃然敬意可称为敬畏。相比之下，你自我感觉渺小卑微，突如其来的敬畏之感使你不由得停下脚步，顷刻之间动弹不得。天地之间的边界似乎消融，身体仿佛融入某种超越自身的事物之中。你的精神也试着融入当下这一浩大之境……敬畏同感激和灵感一样，是一种超越自我的情感。"

芭芭拉教授用诗一样的语言描述了敬畏的心理体验。简而言之，当人们面对瑰丽的自然美景，面对道德高尚、智慧超群的伟人，沉醉于气势恢宏的音乐中，站在巍峨雄伟的建筑物下，总是会油然而生一种特殊的积极情绪——敬畏感。这种情绪是混合了困惑、钦佩、惊奇、服从等不同情绪的高级情感。

# 敬畏是超越自我的情感

当人们看见崇高美好的事物时，就会感受到一种积极的力量，这是大脑中迷走神经张开的缘故。哲学家康德曾经说："有两种东西我对它们的思考越是深沉和持久，它们在我心灵中唤起的惊奇和敬畏就会日新月异，不断增长，这就是我头上的星空和心中的道德。"当我们仰望星空的时候，情不自禁地张开了迷走神经，于是自然而然地唤醒了积极天性，表现在生理上就是嘴唇张开，下巴下垂，眉毛扬起来，眼睛瞪大，头向前倾，甚至浑身起鸡皮疙瘩。

敬畏包含伟大的崇敬感和豪迈感。诗仙李白的《将进酒》中"君不见黄河之水天上来，奔流到海不复还"，体现的就是一种对自然美景的敬畏之心；"高堂明镜悲白发，朝如青丝暮成雪"，令人感叹时间过得这么快；又如《沁园春·雪》中"秦皇汉武、唐宗宋祖，千里冰封，万里雪飘"，概括了历史的雄浑、自然的宏大，激发人们对大自然的敬畏。这些景象都会让我们产生一种由衷的敬畏。美国加州大学伯克利分校教授、著名心理学家达克尔·卡特勒（Dacher Keltner）和纽约大学教授乔纳森·海特（Jonathan Haidt）的研究发现，引发人们敬畏感的外在因素主要有三个。第一个是鬼斧神工的大自然景观，比如浩瀚的江河、巍峨的山岗、奔腾的激流、挺拔的树木、柔软的青草，以及星辰大海；第二个是权威、神人，特别是很厉害的领导最能让人们产生敬畏；第三个是知识、思想和伟大的人类的创造。这与孔子提倡"君子三畏"有异曲同工之妙：畏天命，畏大人，畏圣人言。知道敬畏，懂得敬畏，是君子的处世之道。

有调查发现，《纽约时报》刊登的照片中，那些壮观的宇宙照片被转发的次数最多。有学者认为，这种现象说明人们喜欢体验敬畏感。我和我的学生王非和胡成豪做过一个研究，给志愿者免费送一些自然景观的照片，比如长城、金字塔等，我们发现欣赏这些照片，会让志愿者产生积极、愉悦的体验，他们更加开心，更加积极。2012年，斯坦福大学做过一项研究，研究人员随机选派了86名学生，请他们分别撰写一篇有关个人体验的记叙文，选题一是敬畏感，选题二是幸福感。结果显示，相比较而言，那些选择抒写敬畏感的学生，他们急躁的情绪得到了缓解，也更愿意在有价值的事物上投入较多的时间和金钱。

# 统觉效应

敬畏感让人们变得善良、亲社会。中国第一个女子宇航员，也是我的学生，刘洋说，当她在太空中凝望地球时，感觉很不一样，浩瀚无边的地球在星空中就那么一点点，宇宙如此之大，她对宇宙的敬畏油然而生。刘洋并不是唯一经历过这种体验的人，大多数曾经从太空中俯瞰过地球的宇航员都表示，这种体验使自己产生了深刻的变化。有宇航员这样描述自己的感受："当我接近顶部后，时间似乎都停止了，我心中各种情绪和意识在翻腾。但当我低头看见地球时，我被惊艳的景色触动了。脆弱而微茫的绿洲，还有大自然赐予我们的岛屿等，保护着我们免于外太空的严酷。然后一股忧郁的情绪袭来，我的大脑被一系列使人冷静的矛盾占据。"我们把这种现象叫作"统觉效应"（overview effect），意思是当我们从一个前所未有的角度来审视自己，审视之前的生活环境时，会突然生出一种自己太渺小而世界太宏大的感觉，我们的认知会不知不觉地受到影响，并发生改变。调查显示，很多宇航员重返地球后，对人类充满慈悲，不再追求英雄主义，而是成了环境保护主义者，呼吁世界保护地球，保护人类的美丽家园。

当然，并不是每个人都能切身体会从太空遥望地球的敬畏感，但当我们来到认知范围之外，也会产生一种非常难得的美好体验，比如看艺术展、听音乐会、游览山川，都可以让我们体验到敬畏感带来的美妙。1990年的1月，我第一次去美国洛杉矶的迪士尼乐园，我体验的第一个项目是"外星人回家"。在此之前，我从来没有坐过游乐车，看见人们排队，我也跟着排，时间一点一滴地过去了，排了很长时间的队，很无聊，我好几次想一走了之，但对于新奇事物，还是想尝试一下。

终于，轮到我了。首先映入眼帘的是一排固定的自行车，每人挑一辆自行车骑上，不用踩，模拟外星人"飞天"。刚开始，我觉得这也没什么了不起的。可是当游乐车一拐弯，我被眼前的景象震撼，前面是一轮明月，熠熠生辉，脚下是万家灯火，一闪一闪，自己处在天地之间，俯瞰万物。我当时一下子产生了敬畏感，世界如此浩大，人类一直就在同一片星空之下，时间知觉变得长久，看事情应该看得长远一点。

作为一个学者，我知道自己微薄的力量不足以撼动整个时代的变化。但我依然坚定地认为，所有的大海都是由一滴一滴的水聚集而成的，而我们就是汇聚大海的那一滴滴水。老子说过，"上善若水"，我们应该像水一样，迎接变化、适应变化、创造变化。因而，一种大爱和慈悲油然而生。

从统觉效应的角度看，暂离平时熟悉的环境和事情，我们会有一个新的高度，能从全新的角度看待问题。我们经常讲要提升自我，敬畏就是提升自我的一个重要方法。家长带孩子到清华大学来参观，某种程度上也是让孩子们从小对学术产生一种敬畏。

当人们生出敬畏之心后，如果向前一步，就能把敬畏体验变成认知升级的机会。研究发现人有敬畏情绪时，他的思考更加系统和深刻，这让他不容易被欺骗，不容易被说服。我的学生西托（Sito）做过一个实验，他召集两组消费者，分别向他们销售牙膏，一组的销售话术是明星代言之类的表面信息，另一组是牙膏的成分、作用等真实内容。他发现，一般人容易被表面信息说服，而怀有敬畏之心的人则不然。因此他得出结论，如果没有敬畏心，我们就容易选择相信表面信息，而且不愿意花时间去思考，但在敬畏之心加持下，人们会进行一些深刻的思考。

# 敬畏的心理效应

　　我的一个学生柏杨的博士论文研究的就是敬畏的心理效应。我们发现，当人产生敬畏的情绪后，会有一种"小我"的感觉，让我们忘掉自己现在的处境，融入一种伟大的境界中的感觉，也就是说，让我们不去关注自己的困境，让我们超越世俗生活的局限，超凡脱俗。所谓的格局可能就是敬畏感的一种体现。提起格局，人们习惯性地认为它只是思维的一种训练，把情感体验排除在外。培养一个人的格局，首先要开阔他的视野。一个人学习知识，如果没有产生豁然开朗的感受，那就等于没有真正地掌握，境界、格局没有得到提升。因此，境界、格局、视野无一不是要靠敬畏来修炼的，否则，就只是纸上谈兵。我们确实可以通过学习知识来提升格局，但是产生作用的催化剂一定是这个人有茅塞顿开的感觉，这种感觉就是一种敬畏之感。

　　心理学家卡特勒和海特发现，人类原始的敬畏情绪可以迁移到令人敬仰的英雄和超凡脱俗的人身上，他们非凡的表现绝对能让我们全身激动，为之振奋，崇敬之心油然而生。另外，让我们产生敬畏的一个特别重要的方法就是产生升华。面朝大海，春暖花开，就是敬畏的升华作用。当你进入一个黑暗的屋子，待到时间足够长，这时候打开灯和CD机，让灯慢慢亮起来，让音乐缓缓响起来，重见光明后，你会发现自己心思澄明，世界与你同在，对美好生活的敬畏感喷薄而出。

心理学家认为，人不能预测未来，那就去敬畏未来，更要创造未来。我经常有种感觉，怀疑自己是不是已经站在某个时代大变化的路口——回望历史的记忆，我感慨万千，而面向未知的未来又会让我心生敬畏。心存敬畏，绝不是打击人们的信心，更不是要人们今后缩手缩脚、畏首畏尾，而是希望人们在心灵深处始终保持一份对自然、对法律、对良心、对世间万物的由衷敬畏，一生都可以挺起腰杆做人，做一个真正受人敬重、自得其乐的君子。

问自己

1. 回忆一件让你产生了强烈的敬畏心的事情，并记录下来。

2. 你认为天地之间什么是一个人最应该敬畏的？

**了解更多的心理学研究**

凯尔特纳和哈伊特提出的理论认为，敬畏感促使个体重新评估自己在更广阔世界中的位置，促使构建一个更加开放、有连接感的自我概念，体验敬畏感的人倾向于展现出更大的利他主义、更强的环境保护动机和更高的社会连结感，有敬畏感的人会主动减少自我中心的态度。未来关于敬畏的研究领域有：跨文化领域、教育领域中的应用，对组织行为的意义，应用虚拟现实（VR）和增强现实（AR）技术提升敬畏感，等等，将揭开更多关于敬畏这一复杂情感如何促进个人成长、社会和谐和环境保护的秘密。

生活中的情绪心理学

↓

# 第28章

## 升华：如何让自己感到高尚？

↓

美国斯坦福大学心理学家菲利普·津巴多（Philip George Zimbardo）40多年来一直在推动"英雄想象计划"。津巴多教授来中国讲学时，曾多次向我提起过这个计划，他说，在人们心中树立一个精神榜样，这就是内驱力的源泉。津巴多教授发现穷人家的孩子要摆脱贫穷的困境，一个特别有效的方法就是英雄崇拜，也就是给他传播英雄精神，让他有一个榜样，给他内在的精神力量，让他意识到："敢于奋斗，敢于向上，我也要成为英雄。"

# 平凡的英雄想象计划

　　英雄崇拜是所有文化、所有民族共同的社会心理现象，英雄崇拜产生的升华感（elevation）是社会变迁、社会进步、社会发展的一个重要的心理动力。这种积极的精神力量能激励个体去学习英雄，效仿榜样，采取行动克服困难，努力成为一个更优秀的人。所以，津巴多教授多年来坚持做英雄想象计划。对父母而言，在对孩子的家庭教育中，除了挖掘天赋，积极支持之外，给孩子树立一个升华的榜样，或者说引起升华感的榜样，是培养孩子内驱力的一种很有效的方法。

　　不仅是孩子，成人面对英雄人物，也会体验到强烈的升华感。津巴多教授强调，不一定非要做出什么惊天动地的大事来才叫英雄，也许存在着"平庸之善""平凡的英雄主义"。每个人都可以成为"日常英雄"，每天通过一些小小的善行，让世界变得更加美好。这种升华感是由他人的崇高、道德、善良、忠诚的事迹引发的一种强烈的情绪反应，典型的体验包括精神振奋，胸口暖流涌动，如春风洗礼，对自己、对人性充满信心等等。这种看到他人的道德行为、欣赏他人的美德并感到自己的道德情操被提升的情绪，就是积极心理学所说的"升华感"。

# 升华感具有催人向善的力量

　　研究表明，升华感具有催人向善的力量，让我们更愿意帮助他人。当这种感觉产生的时候，人就达到了欣喜的、崇高的忘我境界。我的朋友，美国纽约大学教授乔纳森·海特用"上升和下降"做比喻来解释这些感觉，他说："如果把思维想象成一栋有很多房间的房子，大多数房间我们都很熟悉，但是有时候突然有一扇门出现，不知从哪儿冒出来的，打开门在你面前的是一排楼梯，我们走上楼梯，并且经历一种意识被改变的过程。"这就好像我们在攀登"精神的楼梯"，在攀登过程中，这个楼梯把我们从一个世俗的或普通的底层带到了一个神圣的高度，或与更深层次相连的高度。这就是我们所说的升华感，这是一种上升的感觉，或者说是被提升的感觉。

　　升华感是每个人都拥有的一种能力。相信很多人有过这样的经历：当人们观察到不期而至的人性善良、人道关怀或道德行为时，内心产生一种温暖的、振奋的、引人向善的积极情绪体验，进而想去帮助他人，想成为更好的人，让自己变得高尚。大量研究表明，升华感可以让人怀有仁爱和宽恕之心，经历过升华感的人们更有可能去帮助他人，给慈善机构捐钱。此外，乔纳森·海特教授曾在日本和印度开展了数个有关升华感的小型研究项目。在这些项目中，许多志愿者称目睹善行后，心中会产生温暖或愉快的感觉，而这种感觉促使他们产生做善事的欲望，这是因为人们的感动情绪被激发。

研究表明，当我们看到他人的美德行为时，我们往往会被感动，有时甚至感动得低声啜泣、默默流泪，说不出话来，此时，人们正在体验道德的提升感，体内会自然产生催产素，这种激素帮助人们产生平静、爱、温暖的感受，这时人们更愿意做出利他行为，更有道德感，变得更善良。乔纳森·海特团队通过研究母亲观看不同影像后乳汁的分泌量的对照实验解释了这一现象。

海特教授团队招募了42名哺乳期的母亲带着她们的孩子一起参加实验。她们被分成两组：感动组和娱乐组。实验前先让这些母亲戴上一个哺乳棉质吸奶垫。实验开始后，请两组妈妈分别观看感人的视频和娱乐视频。实验结果表明，相对娱乐组，感动组妈妈们的报告呈现了更多的感动和鼓舞，很多人热泪盈眶，且她们的吸奶垫重量相比娱乐组妈妈有显著的增加。在行为层面，感动组有45%的母亲给孩子喂奶，而娱乐组只有13%的母亲给孩子喂奶。此外，实验人员还观察到，相比娱乐组的母亲，感动组的母亲对孩子有更多的拥抱行为。这一行为的生理机制是，感动情绪导致催产素的分泌增加，进而影响女性的哺乳行为。因为，催产素是在下丘脑核中合成并刺激母乳分泌的主要激素。这种激素会使人有一种身体接触的趋向，在母亲给孩子哺乳前含量达到最高。

# 升华感是人类心灵的平衡器

升华感就像地心引力，我们无法看到地心引力，却能看到苹果掉在地上。美国心理学之父、美国国家科学院院士威廉·詹姆斯称这种精神力量能帮助人们"推倒内心的石墙，融化冷硬的内心"，从而将"过失与道德上的沉滞堕落"一扫而空。

从这个意义上说，升华感是人类心灵的平衡器，升华感引起了脑神经、自主神经和内分泌反应，让人们自发地做出亲社会行为，拥有积极的社会认知，对自身的认识也更积极。

我们在现代生活中的一个重要挑战就是在纷繁世俗中找到通往更高层次的楼梯，然后做一些善事、一些高尚的事情。一旦你到了顶端，超越自身环境的约束而实现自己的潜能，也就是说，做出了与自己背景相同的人所不能做到的事情，就会产生巅峰体验。这种体验可能是瞬间产生的敬畏情绪，能压倒一切，也可能是转瞬即逝的极度强烈的幸福感，甚至是欣喜若狂、如痴如醉、欢乐至极的感觉。凡是产生这种体验的人，都声称感到自己窥见了真理、事物的本质和生活的奥秘，仿佛遮掩知识的帷幕一下子拉开了……像突然步入了天堂，触动了奇迹，达到了尽善尽美。这种登天的升华感，人本主义心理学家马斯洛称之为巅峰体验。

# 如何提高升华情绪？

登天的感觉让成功者突然明白了所有的道理，让他觉得真知已经产生，自己达到了人生的最高境界。这个时候，人处于最崇高、最完美、最和谐的状态，具有一种欣喜若狂、如醉如痴的感觉。我们经常说的醍醐灌顶、茅塞顿开、灵光四射，都是一种巅峰状态的感觉。

弗洛伊德的精神分析理论也谈到过升华，那是一种心理防御机制，就是把自己一些不太好的欲望和冲动升华为社会赞许的且有意义的行动和思想。这种心理防御机制的升华与我们谈到的道德升华感有所不同。举个例子，《少年维特之烦恼》的作者歌德在失恋时创作了此书，他将自己的"忧情"升华，为后世留下了一部世界名著，这是用转移替代的方式产生的升华的结果。

理解了防御机制的升华与情绪升华的不同，我们就可以更好地理解。那么，提升情绪方面的升华感，具体要怎么做呢？

第一个有效的方法是阅读关于真善美的故事，使自己全身心地沉浸其中，身临其境地体验人性的善良。美国康涅狄格学院心理学教授杰佛逊·辛格（Jefferson Singer）经过研究发现，伟大的著作可以通过唤醒道德情绪来促进年轻人的道德发展，从而产生升华感。

第二个方法是记录过去亲眼所见的美善道德行为，潜移默化地感受人性的高尚。研究表明，当被试者回忆并写下体验到无私行为的情绪时，他就会在自我报告中多次提及想要积德行善，想要做更多的好事，成为更好的人。

第三个方法就是多参与社会公益活动，感受到自己的道德升华感，让自己被自己的善行感动。

孔子说，仁者无忧。我们发现，当我们为别人做事情的时候，表面上看是在吃亏，其实到最后我们一定会心里特别舒服，产生升华感。如果你的孩子有一些抑郁的倾向，最好带他去做公益，带他去帮助残疾人，让他去照顾其他小朋友，这样的一种行为或举动一定会产生化解忧愁的心理作用，这就是升华感的美妙之处。

问自己

1. 回忆自己曾经的升华体验，记录下来，并制定一个增加升华情绪体验的月度计划。

2. 你会因为什么而感动，甚至到流泪的程度？你身边的人呢？

了解更多
的心理学
研究

荣格认为，通过升华，人们可以将个人的基本冲动和能量转化为向着更高的、甚至伟大的目标的追求，这是个体努力实现其内在潜能的过程。一些研究探讨了这样一些升华过程，将消极的情绪能量转化为创造性产出，或者将潜在的攻击性转化为人类共识中属于优秀的职业角色。未来的研究可能会包括：升华与心理健康，升华的跨文化比较，升华的长期影响，以及识别个体的激情和兴趣，将这些转化为正确的职业选择，实现高价值人生，为社会做出卓越贡献。

生活中的情绪心理学

↓

第29章

良知：为幸福服务的
情绪

↓

当听说"一个人用锋利的针扎小朋友",或者是"儿子扇父亲耳光"时,我们的反应一定是:这么做是不对的啊。

假设有一个人对自己弥留之际的母亲说:"妈妈,您放心走吧。您走了以后,我每天都会去看您。"结果他妈妈去世以后,他一天都没有去。这个人做错了什么?伤害了谁?仔细想想,其实都没有。他和妈妈说了什么,跟我们也没有什么关系。但是,我们听了这个故事以后,觉得很别扭,很不舒服,因为他骗了他的妈妈。

这种情感反应,就是我们的良知。

# 知善知恶的情绪

我国心学大师王阳明先生的良知理论解释了这种情感反应。王阳明认为，良知是无须觉察就能感知出对还是不对的一种感受，从这种意义上说，阳明先生认为的良知其实就是一种知善知恶的情绪体验。

美国总统科学奖的获得者乔纳森·海特教授关于道德心理学的研究，为这种观点的发展提供了建设性的帮助。海特的实验是从一堆堪称奇葩的提问开始的。他让参与者对人类的一些行为做出判断，看这些行为是不是不道德。比如，有一户人家的狗在家门口被撞死了，他们听说狗肉很香，所以把狗的尸体煮了吃了，没有任何人看到他们所做的一切。你觉得他们做的事情道德吗？还有，一位女性清理橱柜时，发现了一面旧的美国国旗，她现在用不了这面国旗，所以决定将它剪碎，做成拖把，用来拖厕所的地板。你觉得她做的对吗？

人们在听到这些事情时，会很快地做出判断，说这种行为是错误的，但当研究者询问他们为什么认为这是错误的时候，大部分人会沉默良久，给不出任何解释，只能说"我就是知道这是错误的"。

这项研究让海特教授得出一个很重要的发现：人类道德判断的依据并不是我们通常所理解的法律、原则、政策、规定，而是人类朴素的、自然的、本能的情感反应。也就是说，如果绝大多数人都会觉得做这样的事情是不道德的、恶心的、别扭的、怪诞的、荒谬的，就不值得去做，也不应该去做，那是不道德的行为。

　　因此，海特的道德心理学实验研究在某种程度上证明了中国心学的伟大，再次印证良知就是天然的道德情感反应。

# 良知是天然的道德情感反应

耶鲁大学心理学家保罗·布卢姆（Paul Bloom）以婴儿为对象做了很多研究。他发现孩子天生就有寻求公平、正义、善良的倾向性。他请一些一岁左右的孩子分别看两个视频。一个视频的内容是一个玩偶在玩球，玩着玩着，球就滚到右边去了，右边的玩偶友好地把球还了回去。另外一个视频里也是玩偶在玩球，玩着玩着，球就滚到左边去了，左边的玩偶拿着球就跑了。

一个是友好地把球还回去，另一个是不友好地把球拿走了。结果显示：孩子们对友好的玩偶表现出了更大的兴趣，盯着看的时间更长，而且会用自己的小手去抚摸它；而对于那个把球拿走的不友好的玩偶，孩子们的表现是伸出小手去用力敲打它。

孩子们的这种表现说明，我们人类对"好与坏"的判断不完全是靠后天的教育才领悟到的，一岁左右的小孩就已经具备了辨别善恶的能力，这个时候的孩子甚至还没有自我意识——我们人类的自我意识大约是在出生后18～24个月时才有的。这与孟子所说的相同："恻隐之心，是非之心，人皆有之。"有趣的是，这个实验也从侧面证明《三字经》中的首句是正确的：人之初，性本善；性相近，习相远。

# 良知是人类进化的选择

就进化的角度而言，良知是人类进化选择的优势。我们的研究发现，在大约十万年前，人类在基因上发生了突飞猛进的变化。这个突飞猛进的变化之一就是镜像神经元的出现，镜像神经元是科学研究所揭示的人类诸多道德本能的生理机制之一。例如，如果我当着你的面，用针刺或者火烧自己手臂的皮肤，你会有难受的感觉。

哪怕是你看魔术师表演类似的动作，就算你明知道他没有在伤害自己，你还是会咬紧牙关，甚至会闭上眼睛，不太想看。

为什么会有这样的反应呢？这是因为人类的大脑中有一个镜像神经元系统。这个系统会模拟眼睛看到的动作，让我们以为自己也在经历眼睛看到的事。这种"感同身受"的情感让人类天生就不喜欢看着别人受苦。

今天，我们已经能够通过科学证明，"进化选择的是善良而不是邪恶"，善意是人类特别重要的一种积极天性。事实上，并不是因为我们善良才去合作与利他，而是因为我们合作与利他，才逐渐掌握了善良的基因。这个科学结论颠覆了人们关于道德化善意的传统解读。哈佛大学教授罗伯特·特沃斯（Robert Trevers）就发现，善良是写在人类基因里面的密码。这里的善，就是人们对道德、助人、信任、亲社会等促进人与人之间关系的行为的偏爱。

# 良知是人类健康长寿的秘诀

　　良知是人类健康长寿的秘诀。几年前，我曾经做了一项调查，探究学习心理学对人的寿命有没有帮助。中国曾经有一段时间把心理学当成伪科学，于1952年取消了很多大学的心理学系，那时，全国共有83位心理学教授。历时5年，我找到了其中的76位，对比了这些教授的出生和去世的日期，我得出一个令人震惊的发现：这76位心理学家的平均寿命达到了84岁。现在，有6位心理学教授还健在，而且生命力很旺盛，他们中有不少人近百岁高龄时，既抽烟还喝酒，没有特意地去养生，也不经常锻炼。我问这些教授："你们长寿的原因是什么？"所有人都提到一句话，就是"遵从自己的良心"。良心是什么？就是天然道德，致良知，不害人，不伤人，不骗人，不欺人，只要心无块垒，一定能健康长寿。

　　从这个意义上讲，人类的积极心理品质都发自我们的良知，就像英国诗人约翰·德莱顿所说："一个人的良知，就是他的力量。"这是积极心理学的一个重要观点。

　　我们相信，人类的使命是让人类所生活的世界，在人类的善意与创造力之下变得更加美好与和谐。然而，任职于哈佛大学医学院的知名临床精神病学专家玛莎·斯托特（Martha Stout）经过近30年的临床研究，发现良知也有沉睡的时候，她告诫我们：在判断什么人可以信任的时候，请牢牢记住，如果一个人一直在伤害他人，或是做出过分的行为，却又经常装可怜以博取你的同情，那么你就要小心，因为他极有可能就是没有良知的人。同时有这两个特征的人不见得就是杀人狂，或者是生性凶残，但你不应该把他们当好朋友，不应该跟他们合伙做生意，不应该请他们帮忙照顾孩子或是跟他们结婚。

这类人被称为反社会人格者，统计来看，全球大约有4%的人存在反社会人格障碍。

我们每一种情绪的感受都需要大脑前额叶的脑神经递质的帮助，但研究显示，反社会人格者在解读与情感有关的词语时，血液更多地流向颞叶。换句话说，在他们眼里，别人的感情不过是一道数学题。他们十分善于伪装，在一副讨好和可怜的外表下，很可能掩藏着邪恶的嘴脸。这些人没有任何良知，我们能做的就辨认出他们，并远远避开他们。玛莎·斯托特在《当良知沉睡：辨认身边的反社会人格者》一书中，提出了一个很有趣的辨认方法：只有一个策略可用，靠这一个策略就够了——看他有没有装可怜。

# 良知是一种优势

　　有无良知是正常人和反社会人格者之间的区分标准。玛莎·斯托特告诉善良的人应该如何辨认反社会人格者，以及如何自我保护，防止被操纵与伤害。她的研究指出了两个令人欣慰的事实：缺乏良知的反社会人格者往往走向自我毁灭；提升道德和良知，才能让生活更加幸福。

　　人类很多的道德都可以由行动来体现，良知促使我们做正义积极的事情。反过来，通过外在的行动也可以帮助我们保护良知，培养善良的品格。

　　第一，所有的良知都是有情境的。我们发现，一些微小的情境调节就可以改变人的道德意识和判断。比如，让灯光变得亮一点，人就变得正大光明；让灯光变得暗一点，这个人就喜欢鬼鬼祟祟。因此，做一个特别重要决定的时候，我们尽量在一个明亮的环境里，相对而言，这个决定能经得起别人的质疑和历史的考验。而在一个混乱的环境里做出的决定，有的时候容易出现问题。所谓的光明而正大就是这个道理。

　　第二，所有的良知都是有情绪反应的。良知不是原则判断，良知激发的是情绪反应。听到一个70多岁的老人娶了位20

岁的姑娘，我们感到别扭；听到一个被冤枉的好人平反昭雪，我们感到开心。这就是良知的反应。调动自己的情绪，可以帮助我们培养良知。古人常说，为人不做亏心事，半夜敲门心不慌，这就是良知带来的好处。

第三，所有的良知都是会引发行动的，二者之间其实是相辅相成的。我们做过一个很简单的实验，让人去捏一个硬的东西，或者捏一个软的东西，效果完全不一样。捏了柔软的东西后，人心会变软，进而对别人的评判就不会很严苛。相反，如果捏的是硬的东西，那么，人心也会变得坚硬，评判也会变得严苛一些。知行合一其实就是这个道理。

总而言之，虽然我们无法彻底理解这个纷乱的世界，但至少我们可以始终拥有美和善的人性选择，因为我们有良知。

1. 你有过因为一时欲望或压力而违背良知的时候？你现在的感受如何？

问自己

了解更多
的心理学
研究

　　　　　　弗洛伊德认为良知是超我（superego）的一部分，超我代表社会规范和道德标准。它对个体的行为施加内在压力，促使其遵守社会和道德规范。皮亚杰认为良知的发展经历从自我中心的道德观念到社会规则的认同。他强调儿童通过与同龄人的互动，逐渐学会理解和采纳共同的道德标准。柯尔伯格扩展了皮亚杰的理论，提出道德发展分为预道德、常规道德和后常规道德三个水平，包含六个阶段。良知的形成和发展是通过这些阶段逐步实现的，涉及更复杂的道德推理和决策。未来的研究将进一步探索利用神经科学工具，如功能性磁共振成像（fMRI），研究大脑如何处理道德决策，良知在大脑中的神经基础，良知如何在不同文化和社会环境中形成和运作，以及如何在实践中应用这些研究来促进个人和社会的道德进步。

↓

# 第30章

# 情绪福流：生机勃勃的
# 感觉从何而来？

↓

1975年，美国著名心理学家、积极心理学奠基人之一米哈伊·契克森教授首次提出了"福流"（flow）一概念，并以科学方法加以探讨。他的研究表明，人在特别投入地做一件事情时，会产生一种沉浸其中、物我两忘、酣畅淋漓、如痴如醉的心理体验。由于这是一个心理学名词，因此，翻译成中文的时候，最初人们把它译为"心流"。

# 失传的战国福流卦

近年来，积极心理学与中国文化进行跨文化交融之后，我将"flow"翻译成福流。

之所以这样翻译是因为：首先，"flow"与"福流"的发音很接近。

第二，战国时期的前秦时代，中国人的卜辞曾经用过"福流"这个词。根据《四库全书总目提要》的说明，汉代东方朔所著的《灵棋经》中的第73卦就是福流卦，繇辞说遇上"君明臣良"的太平盛世，不仅当时的百姓得其恩惠，子孙后代也获益不浅，"福流"喻指一切顺遂，事事称心如意。时光流逝，沧海桑田，福流卦已经失传。几千年来，"福流"几乎没有再出现在人们的日常用语中，更是鲜见于历代文学作品。作为研究文化心理学的学者，我认为如此美好的概念一定要跨时空引入当代社会，并被赋予新的生命和意义。

第三，中华文化中的"福"意义具体，是幸福、福气、福运，"福流"是一种心潮澎湃的感觉，两者意义相近。音译、意译结合，"福流"与"flow"很贴近。因此，我把"flow"翻译成福流，引入现代生活，也是将中国传统文化的智慧融入中国人的情绪体验中，从字面上就能体现是积极的含义。

# 什么是福流？

什么是福流呢？它是一种因全神贯注而产生的积极心理体验，是以积极情绪为主的全身心投入而带来的一种状态，包括愉悦、兴趣、忘我，还包括兴奋、充实等情绪。所以说，福流是一种美妙的、复合型的情绪体验。与情绪福流相对的，是烦躁、无聊、冷漠、着急、焦虑等。

心理学家普里维特（Privette）与邦迪克（Bundrick）的研究成果支持了这一观点，他们以123名大学生为研究对象，对这些学生在日常生活中的积极情绪体验进行了调查，发现福流最令人着迷，因为它是一种精神层面的内在享受。福流类似马斯洛提出的巅峰体验，是一种来自心灵深处的欣然与愉悦。

有心理学家做过统计调查，结果发现，从事自己喜欢的事情，如运动、看电影，最容易产生福流，其次是爱情生活、社交活动、学习、工作。没有太多挑战的事，如做家务、看电视，则很少产生福流，像闲逛这样的事几乎不能产生福流。因此，"衣来伸手，饭来张口""饱食终日，无所事事"的日子，没有人们想象中那么快乐。

处于情绪福流中，人们完全意识不到时间的流逝，常有

"时间过得真快"的感慨，也察觉不到周围环境的变化。比如，写作经常带给我福流。我白天工作繁忙，经常在晚上写作，有很多次，写着写着，推开窗，发现天已经亮了，顿时，一种神清气爽的幸福感向我袭来，即使是在寒冷的冬天，我心中也荡漾着草长莺飞的蓬勃生机。

在情绪福流中的人们，不再仅仅期待好的结果，更重要的是过程中的每一步都是对参与者的奖赏和鼓励。大家熟知的"庖丁解牛"就是如此。脏兮兮的屠宰工作被一个屠夫变成了一场酣畅淋漓的"个人音乐会"——"手之所触，肩之所倚，足之所履，膝之所踦，砉然响然，奏刀騞然，莫不中音。合于《桑林》之舞，乃中《经首》之会。"在庖丁眼中，没有血淋淋的内脏，没有森森白骨，只有节奏明快的韵律，只有幸福和快感，过程中充满了悠然自得，心满意足的美好感受。

# 虚幻的"垃圾福流"

　　与"福流"相对的反面状态是"乏味",即对自己行为和时间的过分注意,因此每分每秒都变得漫长无比。如果一个人感到度日如年,没有生机,这可能是因为他经历了过多的"垃圾福流"。许多人将闲暇时间用于玩游戏、浏览娱乐新闻、看短视频等各种各样的娱乐活动,无法自拔,还有很多人宁愿做一些简单的事,不愿意走出自己的舒适区、去挑战那些需要更多思考的事。当人们把精力投入这些娱乐活动时,也常常会完全融入其中,甚至达到废寝忘食、不想做其他任何事的程度。与其他有意义的活动相比,此时,人们沉迷于福流开始时带来的表面好处,而没有从福流中得到成长。所以过多的娱乐活动其实并不会让人获得真正的振奋或满足,反而让人体验到更多的失落和空虚。

　　生活中,人们常常埋首于这种"垃圾福流"。尤其是青少年,更容易被这种虚假的好处所俘虏,比如,沉浸于打电子游戏或者刷手机。如何应对呢?心理学家布莱恩·萨顿-史密斯(Brian Sutton-Smith)提出的一个解决办法是:你不需要改变你玩的游戏,你只需要专注游戏让你进步的方式。当你这么做的时候，你就会坚信，你玩游戏的时候建立的强项，就是你能应用在日常挑战上面的强项。任何人只要开始思考游戏让他们变得更好的方式，就能够学会在面对艰难挑战的时候，在精神上和情绪上变得更有适应力。照这个方法，择其善者而从之，游戏也可以产生正向的高级福流。世界上许多流行的运动和比赛，比如足球、篮球、围棋等，实际上都是从最初的游戏形态演化而来的。从这个角度而言，哲学家伯纳德·苏茨肯定了游戏的积极作用，他认为游戏是"自愿尝试克服种种生活中并不需要的障碍"。但这种克服障碍的过程培养的心理技能还是有迁移效应的。

# 福流创建幸福

　　我们反观自己的人生会发现，大多数人通常忽略了一点：工作比我们整天所做的大部分事情都更接近游戏，它有明确的目标及实行规则，我们可借由完成工作业绩或获得上司评价得到反馈。工作常常能使人心念集中，乃至全神贯注，也赋予人不同程度的掌控力。而且，至少在理想状态下，工作难度与工作者的能力也相匹配。对此，米哈伊教授的解释是：很多人屈从于主流文化，认为工作是强制的，不去理性地比较自己工作与休闲的状态。他引用弗洛伊德的话来表明这一观点——"快乐的秘诀在于工作与爱"。

　　需要注意的是，当你专注地沉浸于某件事时，有时也会体验消极情绪，比如焦虑、紧张，或者百无聊赖。对此，心理学的解释是，人类心理活动的规律决定了情绪的波动是很正常的反应。我们需要坦然接纳情绪的多面性，既能享受幸福和快乐，又能承担痛苦和焦虑，直到迎接福流的到来。

　　社会心理学家发现，情绪福流可以激发我们的心理能量。有了饱满的情绪，我们记东西更快，我们的行动变得更加有意义。福流也是一种人际交流的工具和手段。人在开心的时候，一定喜笑颜开，能够鼓励大家互相接近和接触；人在悲伤时，用感情来增加相互之间的关心、爱护和支持。情绪福流也是连接人心的纽带。当我们同仇敌忾、万众一心、同舟共济时，人与人之间就形成了一种牢固的纽带。

所以，把自己的人生过成福流，让自己的生活变得充实，就显得尤为重要。

那么，我们该如何科学地提升福流力，让自己更多地体验到生机勃勃的美妙感觉呢？

首先，要改变认知，从日常生活中获取小福流，由"小溪"汇成"大海"，"秋水时至，百川灌河；泾流之大，两涘渚崖之间，不辩牛马"（出自《庄子》）。我们也要认识到，并不是只有艺术家、运动员、科学家才有福流，我们更应该在工作中构建福流——将工作任务拆分，确定更明确的目标，给予更迅速的反馈，匹配更合适的难度。工作得心应手时，要及时提升难度，加快速度，钻研技术，提高质量，把挑战看成一个获得高水平福流的机会。

其次，在关系中构建福流。亲密关系、亲子关系和朋友关系处理得当也能带来满满的福流。社会科学调查的结论一致认为，人在有朋友、家人或者任何人的陪伴时最快乐，因此，学会处理人际关系是提升生活品质的关键。若既能享受独处，也能与朋友、家人和乐融融，便是获得了福流的源泉。

最后，发现自己感兴趣的事情。问自己，爱做什么？喜欢做什么？在哪些活动中能产生福流？尽量去多做自己想做、喜欢做的事，而不是做自己不得不做的事情。

莎士比亚曾经说过，世上的万事万物无所谓对错，关键在于我们喜欢还是不喜欢。这就是情绪福流对于我们生活的影响，也是情感对于我们行为的限定。

1. 采访周围的人，记录一下他们进入福流的状态。

2. 制定一个让自己获得福流体验的计划。

问自己

了解更多的心理学研究

"心流"理论提出者米哈伊，于2021年10月逝世，享年87岁。未来心理学家将继续从以下各方面，继续研究心流如何有效地促进个人和社会的福祉。

（1）探索虚拟现实（VR）、增强现实（AR）和在线游戏中心流体验的特性和效果。

（2）深入研究心流状态如何促进创造性思维和创新，如何促进个人潜能的发挥。

（3）研究如何设计教学活动和环境以促进学生的心流体验。

（4）研究心流如何帮助人们应对压力、焦虑和抑郁，促进心理和生理健康。

（5）研究文化因素如何影响心流的触发条件、体验过程和影响结果。

（6）探讨集体心流体验如何影响团队效能、成员关系和组织文化。

（7）探讨在数字时代，频繁的技术中断（如社交媒体通知、电子邮件）如何影响个体进入心流状态的能力。

（8）探讨定期体验心流对生活质量的影响。

↓

# 附 录
## 情绪自评量表

↓

# UCLA孤独量表

指导语：下列陈述描述了人们有时候的感受。对每个陈述，请在空白处写下一个数字来表达你有这种感觉的频度。举例如下：

你是否感到快乐？如果你从没感到快乐，就选择"从不"；如果你总是感到快乐，就选择"总是"。

| 序号 | 问题 | 从不 | 很少 | 有时 | 总是 |
|------|------|------|------|------|------|
| 1 | 你是否感到同周围的人很合拍？ | 1 | 2 | 3 | 4 |
| 2 | 你是否感到缺少伙伴？ | 1 | 2 | 3 | 4 |
| 3 | 你是否感到无从求助？ | 1 | 2 | 3 | 4 |
| 4 | 你是否感到孤独？ | 1 | 2 | 3 | 4 |
| 5 | 你是否感到是朋友圈的一部分？ | 1 | 2 | 3 | 4 |
| 6 | 你是否感到同周围的人有很多共同点？ | 1 | 2 | 3 | 4 |
| 7 | 你是否感到不再想亲近任何人？ | 1 | 2 | 3 | 4 |
| 8 | 你是否感到你的兴趣和想法不为周围的人接受？ | 1 | 2 | 3 | 4 |
| 9 | 你是否感到外向而友善？ | 1 | 2 | 3 | 4 |
| 10 | 你是否感到与人们亲近？ | 1 | 2 | 3 | 4 |
| 11 | 你是否感到被忽略了？ | 1 | 2 | 3 | 4 |
| 12 | 你是否感到同他人的关系没有意义？ | 1 | 2 | 3 | 4 |
| 13 | 你是否感到没人真正了解你？ | 1 | 2 | 3 | 4 |
| 14 | 你是否感到与他人隔绝？ | 1 | 2 | 3 | 4 |
| 15 | 你是否感到有需要时就能找到伙伴？ | 1 | 2 | 3 | 4 |
| 16 | 你是否感到有人真正理解你？ | 1 | 2 | 3 | 4 |
| 17 | 你是否感到害羞？ | 1 | 2 | 3 | 4 |
| 18 | 你是否感到人们在你周围但不同你在一起？ | 1 | 2 | 3 | 4 |
| 19 | 你是否感到有你可以倾诉的人？ | 1 | 2 | 3 | 4 |
| 20 | 你是否感到有你可以求助的人？ | 1 | 2 | 3 | 4 |

计分规则：

该量表为自评量表，共有20个条目，每个条目有4级频度评分：4=一直有此感；3=有时有此感；2=很少有此感觉；1=从未有此感觉。其中有9个条目反序记分，分数越高，孤独程度越高。这9个条目是1，5，6，9，10，15，16，19，20（即，1=4，2=3，3=2，4=1）。

# 焦点解决量表

指导语：请确定你同意或不同意下列句子的程度打分。1=非常不同意；2=不同意；3=有点不同意；4=有点同意；5=同意；6=非常同意

| 题　　目 | 非常不同意 | 不同意 | 有点不同意 | 有点同意 | 同意 | 非常同意 |
|---|---|---|---|---|---|---|
| 1.我会想象我的目标，然后朝着它们努力。 | 1 | 2 | 3 | 4 | 5 | 6 |
| 2.我会记录实现目标过程中取得的进步。 | 1 | 2 | 3 | 4 | 5 | 6 |
| 3.我非常擅长制订有效的行动计划。 | 1 | 2 | 3 | 4 | 5 | 6 |
| 4.我总是能达成我的目标。 | 1 | 2 | 3 | 4 | 5 | 6 |
| 5.每个问题都有解决办法。 | 1 | 2 | 3 | 4 | 5 | 6 |
| 6.如果知道问题的方向，总会有足够的资源去解决问题。 | 1 | 2 | 3 | 4 | 5 | 6 |
| 7.大多数人的复原能力比他们以为的要强。 | 1 | 2 | 3 | 4 | 5 | 6 |
| 8.挫折是失败转为成功的机会。 | 1 | 2 | 3 | 4 | 5 | 6 |
| 9.我倾向于花更多的时间去分析我的问题而不是寻找解决方案上。 | 1 | 2 | 3 | 4 | 5 | 6 |
| 10.我倾向于陷入思考问题本身。 | 1 | 2 | 3 | 4 | 5 | 6 |
| 11.我倾向于关注事情的消极面。 | 1 | 2 | 3 | 4 | 5 | 6 |
| 12.我并不擅长发现事情正在朝好的方面进行。 | 1 | 2 | 3 | 4 | 5 | 6 |

# 心理幸福感量表

指导语：请你根据自身经验与以下陈述相符合的情形来勾选，各题由完全不符合到非常符合共6种程度，在最符合你情况的一项上画√。

| 题　　目 | 完全<br>不符合 | 相当<br>不符合 | 有点<br>不符合 | 有点<br>符合 | 相当<br>符合 | 完全<br>符合 |
|---|---|---|---|---|---|---|
| 1. 我喜欢和家人或朋友聊天和分享个人话题。 | 1 | 2 | 3 | 4 | 5 | 6 |
| 2. 人们形容我是个肯付出的人，愿意花时间在别人身上。 | 1 | 2 | 3 | 4 | 5 | 6 |
| 3. 我知道我可以信任我的朋友，而他们也知道可以信任我。 | 1 | 2 | 3 | 4 | 5 | 6 |
| 4. 我对自己的主张很有信心，即使与多数人的共识不同。 | 1 | 2 | 3 | 4 | 5 | 6 |
| 5. 我不是那种会屈服于社会压力而表现出某些行为或思考方式的人。 | 1 | 2 | 3 | 4 | 5 | 6 |
| 6. 我以自己认为重要的价值来评论自己，而非依照别人的标准。 | 1 | 2 | 3 | 4 | 5 | 6 |
| 7. 整体而言，我觉得自己能掌管生活情境。 | 1 | 2 | 3 | 4 | 5 | 6 |
| 8. 我能管理好日常生活中该做的事情。 | 1 | 2 | 3 | 4 | 5 | 6 |
| 9. 我通常能管理好个人财务与事物。 | 1 | 2 | 3 | 4 | 5 | 6 |
| 10. 我认为有新的体验来激发自己如何看待自我及世界很重要。 | 1 | 2 | 3 | 4 | 5 | 6 |
| 11. 对我而言，人生是持续学习、改变和成长的过程。 | 1 | 2 | 3 | 4 | 5 | 6 |

| 题　　目 | 完全<br>不符合 | 相当<br>不符合 | 有点<br>不符合 | 有点<br>符合 | 相当<br>符合 | 完全<br>符合 |
| --- | --- | --- | --- | --- | --- | --- |
| 12. 我欣喜自己看事情的观点逐年改变且成熟。 | 1 | 2 | 3 | 4 | 5 | 6 |
| 13. 我喜欢为未来制订计划，并努力实践它。 | 1 | 2 | 3 | 4 | 5 | 6 |
| 14. 我会积极完成已制订的计划。 | 1 | 2 | 3 | 4 | 5 | 6 |
| 15. 我不是那种对人生毫无目标的人。 | 1 | 2 | 3 | 4 | 5 | 6 |
| 16. 当我回顾过往，对于大多数事情的结果我感到满意。 | 1 | 2 | 3 | 4 | 5 | 6 |
| 17. 整体来说，我认为自己有自信而且积极。 | 1 | 2 | 3 | 4 | 5 | 6 |
| 18. 当我和身边朋友相比时，我觉得自己还不错。 | 1 | 2 | 3 | 4 | 5 | 6 |

　　注：良好人际关系（Positive relation with others，PR）:1～3；自主性（Autonomy，AU）:4～6；环境控制(Environment master，EM）；7～9；个人成长（Personal growth，PG）:10～12；生活目标（Purpose in life，PL）:13～15；自我接纳(Self-acceptance，SA）:16～18。